Leseexemplar
224 Seiten, gebunden
DM 36,00   ÖS 263,00   SFr 33,00
Erstverkaufstag 10. September 1999

Janwillem van de Wetering

reine leere

Erfahrungen eines respektlosen
Zen-Schülers

Deutsch von
Klaus Schomburg

Rowohlt

Die Originalausgabe erschien 1999 unter dem Titel
«Afterzen – Experiences of a Zen Student Out on His Ear»
bei St. Martin's Press, New York

1. Auflage September 1999
Copyright © 1999 by Rowohlt Verlag GmbH,
Reinbek bei Hamburg
«Afterzen – Experiences of a Zen Student Out on His Ear»
Copyright © 1999 by Janwillem van de Wetering
Alle deutschen Rechte vorbehalten
Umschlaggestaltung Beate Becker
Satz aus der Meridien PostScript PageOne
Gesamtherstellung Clausen & Bosse, Leck
ISBN 3 498 07344 3

Inhalt

1 Das Abschieds-Koan

Koans werden mächtig überschätzt. Das sagte ein Hindu-Lehrer, den ich Baba nennen will, ein Inder in weißer Kleidung, den ich während einer langen schneebedingten Wartezeit auf dem Bostoner Flughafen traf, aber andererseits könnte er selbst auch überschätzt worden sein. Es gibt eine Menge Konkurrenz auf dem Gebiet der Religion. Auch Neid. Neid ist eine Tatsache des Lebens. Das sagte einer meiner Zen-Lehrer, kurz bevor sein Zentrum einging und wir, die Schüler, uns in der großen, schlechten Welt wiederfanden. Die meisten von uns verließen die Gegend, um nie wieder etwas von sich hören zu lassen, doch einen meiner früheren Kumpel fand ich wieder, als ich in einer kleinen Maschine über die Wälder Maines flog.

Dieser Mann, den ich Ben-san nennen werde, war einst ein Idealist gewesen, der in den idealistischen sechziger Jahren nach Japan reiste, um Zen zu studieren. Durch Zufall gelangte er in denselben Tempel wie ich, aber wir verpaßten uns. Ich reiste, ein paar Wochen bevor er eintraf, ab. Ihm später in Amerika zu begegnen war ein ziemliches Ereignis, denn wir kannten dieselben Leute, damals in Kioto. Denselben Abt, denselben Klostervorsteher, dieselben Mönche. Dieselben Bars in Kiotos Weidenviertel, die wir an unseren freien Abenden besucht hatten.

Wie ich blieb Ben ein paar Jahre in dem japanischen Zen-Tempel, erhielt das Mu-Koan, löste es nie und reiste ab. Es gab noch weitere Übereinstimmungen: Wir hatten beide das gleiche Alter, wir waren beide weißhäutige Männer mit protestantischem, in seinem Fall fundamentalistischem, Hintergrund, wir tranken beide. Beide schienen wir eine ähnliche künstlerische Veranlagung zu haben, die ihn dazu trieb, Pagoden in orientalisch angelegten Gärten zu errichten, und mich, Geschichten zu schreiben und Skulpturen aus Gerümpel zu bauen, wenn mein Rücken das Bedürfnis hatte, sich zu strecken. In Amerika, in den frühen siebziger Jahren, landeten wir beide bei demselben Lehrer, den ich hier Sensei nenne. Sensei hatte viele Jahre in Japan verbracht, und laut Zen-Gerüchteküche waren seine Einsichten von qualifizierten Autoritäten bestätigt worden. Ben und ich traten in Senseis nordamerikanisches Zen-Zentrum ein, praktizierten den weglosen Weg und studierten Koans.

Dieselben Koans, von denen der indische Guru Baba, den ich auf dem Logan Airport traf, sagte, er habe sie aus hinduistischer Perspektive studiert und sie mit ein paar Ausnahmen geistreich, ein wenig gekünstelt und auf jeden Fall unzureichend gefunden. Baba lächelte entschuldigend. «In Anbetracht der Reputation des Zen hatte ich wahrhaftig etwas mehr erwartet.» Ich mußte lachen. Das waren genau die Worte, die Sensei gern nach einer anstrengenden Meditationswoche zu sagen pflegte, aber er sagte es ernst. Sensei schien über das Versagen seiner Schüler immer aufrichtig enttäuscht zu sein.

Als ich mich während eines Blizzards auf dem Logan Airport herumtrieb – alle Stühle waren besetzt, die Toiletten quollen über –, entdeckte ich Baba, dessen ungewöhnliches Aussehen ihn aus der Menge hervorhob. Immer begierig zu lernen, näherte ich mich dieser Gestalt in fließenden Gewändern und mit wallendem Haar.

«Sind Sie ein Guru, Sir?»

«Gewiß doch.» Baba sprach mit einem scharfen, hohen indischen Akzent. «Sind Sie ein Wahrheitssucher?»

«Ich war Zen-Schüler, Sir.»

«Sie haben aufgegeben?»

«Nicht, was meine Fragen betrifft, Sir.»

«Aber Zen haben Sie aufgegeben?»

«Eigentlich nicht, Sir. Aber ich bin jetzt, glaube ich, auf meinem eigenen Weg.»

Baba nickte. Er wußte alles über Zen. Über die Praxis des «Zazen», die Meditation, das Koan-Studium und das Lösen von Dharma-Rätseln beim «Sanzen», der frühen morgendlichen Begegnung im Tempel des Meisters, während man einem Lehrer gegenübersitzt.

Ich sagte, daß ich das viele Jahre lang getan hätte, an Abenden und Wochenenden, denn gewöhnlich wäre ich tagsüber einem Beruf nachgegangen. «Wie kommt es, daß Sie ein Guru sind, Baba?»

Er sah mich unter eindrucksvoll buschigen Augenbrauen hervor hochmütig an. Hatte ich dieses entwickelte Wesen falsch angeredet? Ich hatte ihn nicht beleidigen wollen. «Shrih Baba? Shrih Baba Maharaj? Haben Sie einen Titel, Sir? Eure Heiligkeit, vielleicht?»

Er lächelte und verbeugte sich. «Kümmern Sie sich nicht um meine Titel. Heilige Titel sind Quatsch, mein Freund.»

Das gefiel mir. Das war eine Bemerkung, die Bodhidharma dem Kaiser von China gegenüber hätte machen können, bevor er aus dem kaiserlichen Palast schritt, um weitere neun Jahre in seiner Höhle zu meditieren.

Frische dreißig Zentimeter Schnee bedeckten die Start- und Landebahnen Bostons. Baba hatte Zeit zum Plaudern. Er erzählte mir, daß er sich auf Flughäfen wohl fühle, denn er habe seine Karriere auch auf einem Flughafen, dem JFK in New York, begonnen. Vor seiner Zeit als Guru war Baba ein illegaler Ausländer gewesen und hatte mit dem Säubern von Restauranttischen seinen Lebensunterhalt verdient. Auch dies waren wieder die sechziger Jahre, eine spirituelle Zeit. Amerika entwickelte eine Nachfrage nach Esoteriklehrern. Das Gesetz von Angebot und Nachfrage ließ heilige Männer ins Land kommen. Kellner Baba fiel auf, daß die Lehrer, die aus seinem Heimatland zum JFK strömten, weiße Kleider und viel Haar im Gesicht trugen. Sie waren Hindus. Sie hatten große, ausdrucksvolle Augen und scharfe Gesichtszüge. Sie zitierten die Baghavatgita. Sie rezitierten Mantras, mit heiligen Kräften versehene Sanskritsilben, und hielten ihre Hände in bestimmten Stellungen, die als «Mudras» bekannt sind. Sie wurden stets von gutgekleideten Damen und ihren langhaarigen männlichen Begleitern abgeholt, von Paaren mit teuren Autos, die auf dem Flughafenparkplatz auf sie warteten.

«Was», fragte mich Baba, «hielt mich davon ab, mich selbst zum Guru zu erklären?» Der Titel ist nicht geschützt. Baba hatte mitteilenswerte Einsichten in rauhen Mengen gesammelt, in früheren Leben und in der Armut und im Leid der Gegenwart. Um seinen wahren Status zu zeigen, brauchte er einen weißen Dhoti und eine passende Jacke sowie Sandalen, um mit seinen langen, muskulösen Zehen anzugeben, Dinge, die nicht schwer zu bekommen waren. Die anderen Attribute nannte er bereits rechtmäßig sein eigen. Er war in einer frommen (wenn auch hungernden) Familie der hohen Brahmanenkaste aufgewachsen, kannte die Hinduschriften auswendig, unterhielt einen Hausaltar, brannte Weihrauch und warf sich täglich beim Beten zu Boden. Er meditierte sogar von Zeit zu Zeit, obwohl Meditation, so sagte Baba, auch nicht so toll sei, wie es immer hieß. Wenn man es übertreibe, tue einem der Arsch weh. Ob mir das aufgefallen war?

Das war es. Durch langes Zazen hatte ich chronische Hämorrhoiden bekommen. Baba erklärte mir, der menschliche Körper sei nicht dafür geschaffen, über lange Zeiträume hinweg im vollen oder auch nur im halben Lotos zu sitzen. Die Haltung übe einen übermäßigen Druck auf das Rektum aus. Es fiel mir leicht, das zu glauben. Präparat H gehört zur Grundausstattung in Zen-Klöstern, zusammen mit *Malox*, denn das zu schnelle Essen zu heißer Mahlzeiten, der Druck gleichgesinnter Zeloten, zuwenig Schlaf, das unaufhörliche, ständige Drängen des Meisters, ein Koan zu lösen, erzeugen mentale Spannungen, die in Zen-Mägen Geschwüre hervorrufen.

«Richtig», sagte Baba. «Vergessen Sie das alles. Ihr eigener geschätzter Buddha empfahl seinen Schülern, den mittleren Weg zu gehen, Exzesse zu vermeiden.»

«Keine spirituellen Übungen?»

«Nur das tägliche Leben», sagte Baba. «Dazu ein bißchen Achtsamkeit. Nehmen Sie sich täglich Zeit, ein kurzes Ritual Ihrer Wahl zu praktizieren, im übrigen einfach nur sein, mein Freund.» Er senkte seine Stimme und starrte mich hypnotisierend an. *«Nur sein.»*

«Aber was ist mit dem Leiden?»

Er zuckte die Schultern. «Was soll damit sein?»

Ich sagte, Leiden sei nicht schön.

«Leiden Sie?» fragte Baba mich.

Ich mußte zugeben, daß es mir gutging, danke. Es schien mein Karma zu sein, daß es mir gutging. Ich sollte mich nicht beklagen, um Himmels willen, aber mein gewöhnliches Schicksal war doch vielleicht manchmal ein bißchen langweilig. Was ich auch tat, wohin ich auch ging, es schien mir einfach gutzugehen. Sehen Sie mich jetzt an: neue Tweedjacke und genau die richtigen Reißverschlußstiefel, ein guterhaltenes, allradgetriebenes Auto auf dem Parkplatz meines Heimatflughafens, eine wundervolle Frau, die mich in einem komfortablen Haus auf gärtnerisch gestalteten Ländereien erwartete, ordentliches Einkommen, alles in allem gute Gesundheit, die kompletten CDs von Miles Davis und eine gute Hi-Fi-Anlage auf dem Regal neben dem Computer, nun sehen Sie sich andere Leute an. Ich zeigte Baba ein zweiseitiges Farbfoto von der Küste Bangladeschs, das in einer Zeitschrift, die ich mir soeben gekauft hatte, abgebildet war. Bei jüngsten Überschwemmungen waren zahllose Menschen und Tiere ertrunken; als das Meer sich zurückzog, hoben sich über viele Kilometer ein weißer und ein brauner Streifen von der Küste ab, der weiße bestand aus toten Menschen in weißen Baumwollgewändern, der braune aus totem Vieh.

«Und?» fragte Baba.

«Das Leiden dieser Bangladeschianer läßt mich zweifeln.»

«Zweifeln woran?»

«Ob es einen Sinn gibt.»

«Im Leiden?»

«Ja», sagte ich, «im Leben.»

«Einen Sinn im Leben?» Baba klopfte mir auf die Schulter. «Es gibt keinen.»

«Dann ist all dies nur schmerzhaftes Chaos?»

Baba hob eine Hand, um meine Aufmerksamkeit auf sich zu lenken, und zitierte dann mit seiner hohen Stimme: «Es gibt kein Leiden, keinen Grund für das Leiden, kein Ende des Leidens ...»

«... und keinen Weg», vollendete ich.

«Sie kennen das Herz-Sutra», sagte Baba. «Es ist nicht hinduistisch, aber auch der Buddhismus ist indisch, und alles, was Buddha tat, war, einen Teil unserer ursprünglichen Religion wiederzubeleben. Ja, Sie haben recht. Kein Weg, vergessen Sie den ‹Weg›. Der ‹Weg› wird völlig überbewertet.»

Ich fing an, Baba zu mögen. Er schien ein Meister der fernöstlichen Methode der Negation zu sein. *Neti, neti.* Das, was nicht ist. Vernichte alle Konstruktionen, dann genieße den leeren Raum. «Haben Sie einen Tempel?» fragte ich.

Er hatte einen, in den Catskill Mountains, meinte aber, daß ich dort nichts Besonderes finden würde. Ich solle mir lieber das gegenwärtige Fehlen eines Status zunutze machen. Warum mich für die Bürde einer weiteren Disziplin interessieren? Baba, in seinem spirituellen Zentrum, beschäftigte die Leute nur mit einer garantiert unschädlichen Routine wie zum Beispiel begrenzter Meditation und dem Singen der Schriften. Sein Kollektiv wurde zum Teil als Farm betrieben, so daß es Arbeit zur Bewältigung von Depression und Stress gab. Regeln halfen den Schülern, standhaft zu bleiben. Alle mußten weiße Dhotis und Jacken und offene Sandalen auf dem Gelände tragen (die meisten Schüler kamen zum Wochenende, manchmal auch für «Übungswochen»), das Herumspielen mit bewußtseinsverändernden Substanzen war nicht erlaubt, ferner keine Gitarrenmusik nach vorgeschriebenen Zeiten, kein Müßiggang außer für diejenigen mit Guru- oder Guru-Begleitstatus, keine exzessiven Geschenke, um sich beim Lehrer einzuschmeicheln; und während der Abschiedszeremonien (privat, wenn die Schüler das Zentrum verließen, um für eine Weile nach Hause zu fahren) verteilte er Lob und Plätzchen.

«Mit Schokoladensplittern», sagte Baba. «Ich selbst mache mir nichts daraus, aber Amerikaner assoziieren sie mit liebevoller elterlicher Fürsorge. Den englischen Schülern gebe ich verdauungsfördernde Kekse.»

«Backen Sie Ihre Geschenke selbst?»

Baba kaufte sie bei Stop and Shop.

Er hatte eine gewisse Durchtriebenheit an sich, die ich, mit einem Kaufmannshintergrund aus der holländischen Stadt Rotterdam stammend, wiedererkannte. Ich versuchte, mich mit einer höflichen Formulierung zu erkundigen, ob Baba vielleicht in Geschäften tätig sei. Ob er seinen dummen Schafen das Fell über die Ohren zog. Er schnitt mir das Wort ab, sobald ich das Wort «Geld» gebrauchte.

«Sie meinen Habgier?» Eine interessante Schwäche, aber er habe sie überwunden. Die Versuchung war da, denn er sei so lange arm gewesen. In den frühen Tagen seiner spirituellen Gesundheitsfarm hatte er dieser Versuchung nachgegeben. Baba fuhr eine Zeitlang einen Jaguar, aß Gourmetgerichte, verlangte hohe Honorare für spezielle Interviews, erhielt den Status der Steuerfreiheit, erhöhte sein Einkommen sogar, indem er mit der kostenlosen Arbeit seiner Schüler ein Bio-Restaurant betrieb, doch eine Überdosis an materiellem Erfolg hatte ihn nervös gemacht. Er schloß das Restaurant und reduzierte die monatlichen Beiträge seiner Schüler. Der Jaguar wurde jetzt von seiner «Lady Nummer eins» gefahren, die ihn benutzte, um für die Gemeinschaft einzukaufen. Baba fuhr ein Fahrrad, wie damals in Kalkutta, aber dieses hatte zehn Gänge.

«Und Sex?»

«Sex», er nickte weise. «Auch den gibt es.»

Ich erzählte ihm, daß sexuelle Begierde, zuerst frustriert, später pervertiert, dazu beitrug, das buddhistische Zentrum, in dem ich studiert hatte, zu ruinieren. Baba nickte mitfühlend. Er konnte das verstehen. Schließlich ist ein heiliger Mann immer noch ein Mann, und ein Mann hat Bedürfnisse. Er wollte nicht nach Manhattan fahren, um seine Bedürfnisse zu befriedigen. Es war schöner, wenn der Sex zu ihm in seinen Tempel kam. Er hatte nie ein sich selbst verleugnender Einsiedler sein wollen.

Eine junge Dame hatte sich in Geschenkpapier gewickelt und kam in einem Einkaufswagen, den zwei Freundinnen im Bikini schoben, in seine Unterkunft gerollt. War es falsch, wenn ein erleuchteter Lehrer das Geschenk eines attraktiven Schüler-Egos akzeptierte? Das Ich ist die Maske, die herunter muß, um reines Sein hervortreten zu lassen. Nur im Zustand des reinen Seins kann göttliche Einsicht klar und unverfälscht sein.

Sensei sagte immer: «Wenn mir jemand seinen schönen Geist schenkt, warum sollte ich dann nicht auch seinen schönen Körper haben können?» erzählte ich Baba.

«Wie interessant», meinte Baba. «Jetzt erzählen Sie mir von den Koans, die Sie in den vielen Jahren Ihrer Zen-Praxis gelöst haben, mein Freund.»

Es war keine Zeit mehr, eine Startbahn war geöffnet worden, und Babas Flugzeug wartete. Er gab mir seine Karte. «Kommen Sie mich mal besuchen.» Er streichelte meine Schulter. «Aber bringen Sie mir nicht Ihre persönlichen Probleme mit. Ich kann Leuten nicht helfen, ihre Ego-Bürde zu tragen.» Er drückte mir die Hand. «Ich will es auch nicht.»

Er ging davon, ein Bündel menschlichen Lichts. Würde es nicht Spaß machen, einige Zeit in seinem Schokoladensplitterplätzchen-Himmel zu verbringen? Aber nein. Baba hatte wahrscheinlich recht. Es ist für einen Mann in den Fünfzigern schwer, wieder auf der Wiese zu tanzen, Daddy und seinem zahlenmäßig begrenzten, egolosen Gefolge gefallen zu wollen.

Fühlte ich mich jetzt nicht zufrieden, allein auf mich gestellt? Tat ich nicht genau das, was Baba empfahl, indem ich das tägliche Leben als meine Übung, mein «Sadana», benutzte, jeden Morgen an meinem Altar das Herz-Sutra sang und vor dem kleinen Plastikskelett eines Dinosauriers – einer ausgestorbenen Spezies, zu der der Homo sapiens auch ziemlich bald gehören würde –, das ich in einer offenen Schachtel zwischen Zeremonialkerzen aufbewahrte, Weihrauch verbrannte?

Das buddhistische Zentrum zu verlassen hatte mir nichts ausgemacht, aber manchmal vermißte ich meine Kumpel, vor allem Ben-san. Ich fragte mich, wie er wohl zurechtkam.

Leiden wird durch Begehren verursacht, und ich wollte Ben-san zweifellos wiedersehen. Ich würde mich nicht speziell darum bemühen, aber Wünsche, deutlich zum Ausdruck gebracht, haben es an sich, erfüllt zu werden, meistens noch zu Lebzeiten.

Ein Techniker im Dorf hatte sich ein Flugzeug gebaut und fragte mich an einem sonnigen Wintertag, ob ich ihn auf einer kleinen Spritztour begleiten wolle. Wir flogen um den Mount Kathadin herum und entdeckten auf unserem Rückweg, über Flüsse und Seen hinweggleitend und riesige Flächen wilder Wälder überquerend, nicht weit von der Behelfslandebahn bei Purple Hill entfernt, eine Pagode. Mein Pilotenfreund umkreiste das Bauwerk und fand einen langen gewundenen Pfad, der dorthin führte. Wir waren beide beeindruckt. Die Pagode war, wie ich erkannte, die Miniversion eines berühmten Tempels in Kioto. Sie hatte drei Stockwerke, in deren erstem sich die Wohnräume zu befinden schienen. Es gab auch einen Landschaftsgarten, dessen Umrisse unter dem Schnee erkennbar waren. Am Fuße dekorativer Riesenfelsblöcke konnte ich die Moosflecken erahnen, die sich zweifellos als glühend orange und gelbe Flechten zeigen würden, wenn das Tauwetter einsetzte. Es gab auch eine etwa zehn Quadratmeter große, leicht geriffelte Fläche mit drei Felsblöcken neben dem Zentrum, die so aussah, als würde sie in der milderen Jahreszeit täglich geharkt. Und ein gefrorener Teich war da, in dem, wie ich vermutete, große bunte Karpfen unter dem Eis überwinterten. Ein sehr Zen-ähnlicher Garten. Der Pilot hatte Ben-san ebenfalls gekannt. «Das muß Bens Anwesen sein, hier versteckt der sich jetzt also.» Wir umkreisten die Pagode noch einmal, viel niedriger als die erlaubten zweihundert Meter, und sahen, wie ein Mann herauskam und mit einer Schrotflinte fuchtelte.

«Tatsächlich Ben», sagte der Pilot.

«Muß ihn mal besuchen», sagte ich.

Der Pilot überprüfte seine Instrumententafel und reichte mir eine Notiz mit den Koordinaten des Standortes. «Sollte nicht schwer zu finden sein. Du kannst dir mein tragbares Ortungsgerät ausleihen. Der Pfad dorthin verläuft im wesentlichen in Nord-Süd-Richtung und führt aus Sorry heraus. Beginnt bei Blackberry Brook. Du kannst ihn nicht verfehlen, wenn du einen Kompaß und meinen GPS mitnimmst. Paß aber lieber auf, daß du nicht erschossen wirst.»

Sorry ist ein Vorort der Küstenstadt Rotworth in Maine, wo ich nun schon eine ganze Weile lebe. Ich wartete auf einen weiteren schönen, klaren Tag mit der richtigen Sorte Schnee für meine Schneeschuhe. Nach meiner Karte betrug die Entfernung von Sorry aus ungefähr zehn Meilen. Ich brach früh auf und erreichte Bens Pagode gegen Mittag.

Er kam mit seiner Schrotflinte heraus, ließ sie jedoch sinken und umarmte mich flüchtig. «Du riechst jetzt besser», sagte er. «Im Zendo hast du gestunken.»

Er mußte es wissen, wir saßen viele badlose Wochen lang nebeneinander. Auch ich erinnerte mich an seinen Duft.

«Bist du jetzt ein Eremit?» fragte ich.

Ben-san sagte, das gefalle ihm besser als die Schulung in unserem buddhistischen Zentrum. Das Alleinleben in der Pagode habe ihm auch geholfen, mit dem Trinken aufzuhören. Ich hatte ebenfalls mit dem Trinken aufgehört. Ich sagte, Alkohol erfülle meine Bedürfnisse nicht mehr. Er hielt das für eine alberne Ausdrucksweise, und wahrscheinlich sei es auch unwahr. «Deine Frau hat dir die Pistole auf die Brust gesetzt. Dir gesagt, entweder hörst du auf, oder sie geht. Jetzt brauchst du eine Macho-Entschuldigung. Versuchst immer, das Publikum zu beeindrucken. Hast dich nicht sehr geändert, was?»

«Womit verdienst du denn jetzt dein Geld, Ben?»

Er tue nicht viel, erwiderte er. Er sei nicht immer in der Pagode. In manchen Sommern arbeite er in New Hampshire, wohne umsonst bei seinen Arbeitgebern, spare ein paar Dollars. Im Frühjahr, Herbst und Winter lebe er von seinen Vorräten und führe ein Einsiedlerleben, umgeben von den Tieren in der Natur.

Mehrere Eichelhäher waren in der Nähe, ein oder zwei Eichhörnchen, eine Gruppe Meisen, ein paar Finken. Ich sah, daß sich an strategischen Plätzen Futterstellen befanden, die wie kleine Tempel geformt waren. Ben-san war immer noch von der Bauleidenschaft gepackt. Er kam mir einsam vor.

«Besorg dir eine Frau», sagte ich, «irgendeine freundliche, fürsorgliche Seele, die es leid ist, von ihrem sadistischen Freund mißbraucht zu werden. Lies sie an einem Freitag abend im *Lazy Loon* in Rotworth auf. Du wirst der König im Schloß sein. Diese Frauen haben seit Jahren keinen nüchternen Mann mehr gesehen.»

Er war nicht daran interessiert, Frauen glücklich zu machen.

«Vielleicht ein männliches Wesen als Seelengefährten? Einen liebenswerten Zen-Schüler?»

Er sagte, er habe die Menschen aufgegeben. Ben-san, der Misanthrop. Er verschränkte abwehrend seine Arme. Ich überließ ihn seiner Pose und bewunderte den Hintergrund. Die Pagode war eine eindrucksvolle Konstruktion, gebaut aus ungleichen handbearbeiteten Stämmen und mit Schwalbenschwänzen zusammengefügt wie ein chinesisches Puzzle. Alles Holzzapfen, nirgendwo Nägel. Die knifflige Handarbeit mußte Monate einsamer Winterzeit gekostet haben. Die zierlich abfallenden Dächer waren von altmodischen, mit einem Riesenmeißel behauenen Zederschindeln bedeckt. Ein Juwel in den Wäldern. Ich verneigte mich und rezitierte das alte tibetische Mantra: *Om mani padme hum*, Heil dem Juwel im Lotos.

«Habe nie verstanden, was das bedeutet», sagte Ben.

«Praktizierst du immer noch Zen?» fragte ich, als er schließlich die Arme von der Brust nahm.

Er nickte. «Sicher.»

«Zazen?»

Ein bißchen Zazen. Nicht zuviel. «Ich habe es nie gemocht. Eine halbe Stunde am Morgen, eine halbe Stunde am Abend. Mehr kann ich jetzt nicht mehr ab. Das endlose Zen-Sitzen hat mir einen Scheißdreck gebracht.»

Ich bemerkte eine Fernsehschüssel auf dem Pagodendach und in einem Anbau einen rostigen Honda-Generator.

«Ich sehe den Kultfilmkanal», sagte Ben. «Manchmal auch Opern. Aber nicht zu lang hintereinander. Es ist mühsam, das Gas für den Generator hereinzutragen.»

Ich glaubte ihm nicht. Da waren mehrere 55-Gallonen-Zylinder, etwas vom Haus entfernt unter einem eigenen

Dach, und ich entdeckte einen Schlitten und ein altes, aber funktionstüchtig aussehendes Schneemobil. Ben-san ist ein kräftig gebauter Mann, es würde ihm nicht einmal Mühe bereiten, ein schweres Gewicht zehn Meilen mit der Hand zu tragen.

Ich konnte es nicht lassen, ein bißchen Peer-group-Druck auszuüben. «Betreibst du noch dein Koan-Studium? Muß schwer sein ohne Sensei, der dir sagt, wo's langgeht.»

«Sensei.» Er zuckte die Achseln. «Bin froh, diesen verdrehten Unsinn los zu sein.»

«Aber du arbeitest immer noch an einem Koan, Ben?»

Die Arme kreuzten sich wieder vor einer geschwellten Brust. «Was geht dich mein Koan-Studium an?»

«Aber, Ben-san, wir sind Dharma-Brüder.» Ich erinnerte ihn daran, in welch ferne Vergangenheit das zurückreichte. Daß wir Trinkkumpel gewesen waren. Daß wir uns geschworen hatten, unser Leben gegenseitig als Spiegel zu benutzen. «Sake für zwei», sang ich nach der «Tea-for-two»-Melodie, während ich um ihn herumhüpfte.

Er taute ein bißchen auf. Nur an einem Koan arbeite er noch, erzählte Ben mir über gebackenen Bohnen mit Tofu, über Reis mit Chili-Sauce und eingelegtem Daikon, einem japanischen Rettich. An dem Koan, das er, ein paar Monate bevor Senseis Einsiedelei wieder in den Naturzustand zurückverfiel, erhalten hatte. Die Anhänger der Disziplin sollten eigentlich nicht über ihre Koans sprechen, aber da wir beide, Ben und ich, entlassen worden waren, konnten wir uns jetzt als davon entbunden betrachten.

«Erzähl mir von deinem letzten Koan», sagte ich, in dem Glauben, hier ein wenig Überlegenheit zeigen zu können. Nicht, daß er sich von mir würde helfen lassen wollen. Zen-Schüler halten sich für die Creme des buddhistischen Haufens, die, die den kurzen, steilen Weg gehen. Wir sind potentielle Bodhisattwas erster Klasse, nur noch ein weiteres Koan, und wir kommen direkt ins Nirwana.

«Erzähl mir von deinem Koan, lieber Ben-san.»

«Nö.»

Okay. Ich war auf den Eingangsstufen der Pagode und schob meine Stiefel in die Schneeschuhe. Zum Teufel mit Mr. Selbst-ist-der-Mann. Er konnte in seiner Pagode verrotten. Trotzdem war es ein hübsches Gebäude. Ich hatte Ben erzählt, daß seine Schöpfung mich an eine Spielzeugpagode erinnerte, die meine Mutter in den zwanziger Jahren aus Indonesien, aus Niederländisch-Indien, wie sie das Land immer noch nannte, mitgebracht hatte.

Die kleine Pagode war aus einem Elefantenstoßzahn hergestellt worden und hatte wie Bens drei Stockwerke. Meine Mutter sagte, sie habe sie im Borobudur gekauft, Javas größtem buddhistischen Tempel, der eine ganze Hügelspitze bedeckt, ein kunstvolles Stück Architektur, das aufgegeben wurde, nachdem der Islam an die Stelle des Buddhismus getreten war. Jedes Stockwerk hatte eine Reihe an Angeln befestigter winziger Türen. Es machte mir Spaß, sie zu öffnen und hineinzuschauen. In jeder Kammer waren Buddhastatuen gewesen, doch da sie herausgenommen werden konnten, gingen sie verloren. Meine Mutter beweinte ihr Verschwinden, aber ein chinesischer Buddhistenfreund tröstete uns, die Pagode mache mehr Sinn ohne ihre früheren Bewohner. «Form ist Leere. Es ist besser, nichts zu zeigen.»

Das zweite und dritte Stockwerk von Ben-sans Pagode waren ebenfalls leer. Sie hatten nicht einmal Türen. Der Wind strich ungehindert unter ihren aufgeschwungenen Dächern hindurch. Nur das untere Stockwerk hatte Wände, war isoliert und mit Türen und Sturmtüren versehen. «Irgendwo muß ich schließlich leben», sagte Ben, als er mir seine spärlichen Möbel zeigte. Er runzelte wieder die Stirn. «Füllst du deine ganzen Nebengebäude immer noch mit Besitztümern? Die Villa? Die Doppelgarage? Die Studios? Den Pavillon? Das Gästehaus?»

Er wußte, wovon er sprach. Er hatte meine Anlage entworfen und gebaut. In jenen Tagen brauchte er mehr Geld, um seine Reisen in den Zen-trainingsfreien Zeiten zu finanzieren, und ich versorgte ihn mit Arbeit.

«Danke für das Tofu», sagte ich. «Ich gehe jetzt.»

Er hielt mich zurück. «Ich arbeite am Stier-Koan.»

In den verschiedenen Zen-Sekten sind wahrscheinlich ein Dutzend Stier-Koans in Gebrauch. «Welcher Stier?»

«Das Warum - kommt - der - Schwanz - nicht - durch - Koan», erwiderte Ben-san. «Es macht mich verrückt.»

Es ist die Absicht des Koans, den Zen-Schüler verrückt zu machen. Ich schüttelte meine Schneeschuhe ab und gestattete Ben, mich wieder in seine Wohnräume zu führen. Wir tranken Kaffee.

«Gozo En Zenji», sagte ich. «Das ist der Zen-Meister, den Sensei zitierte. Ich erinnere mich an Gozos Geschichte. Hat etwas damit zu tun, daß man sich im Zazen-Raum befindet, früh am Morgen, und Sensei hockt dir auf seinen Kissen gegenüber, in seinem japanischen Roshi-Gewand, das ihm zu klein geworden ist, seit er zugenommen hat. Er deutet auf das kleine Fenster über seinem Kopf und sagt, es ist wie mit *Gozos Büffelstier, der durch dieses Fenster kommt – sein riesiger Kopf, seine großen Hörner, seine vier Beine gehen durch, aber das ist alles, der Schwanz zeigt sich nie. Was bedeutet das, na?*»

«Richtig», bestätigte Ben. «Du hattest das Koan also auch?»

Ben-san und ich arbeiteten in den Tagen unserer Zen-Schulung wahrscheinlich immer an denselben Koans.

Was sind nun Koans? Es sind Rätsel, die absichtlich unklar formuliert sind. Teile fehlen. Kein Zen-Schüler, weder vor zweitausend Jahren in China noch vor tausend Jahren in Japan noch heute in den Wäldern von Maine oder in einem kalifornischen Tal oder auf einer Mesa in Arizona, kann ein bestimmtes Koan verstehen, wenn der Lehrer vorher nicht ein paar Erklärungen gibt. Und das wird er nicht tun. Er will, daß man sich in seiner Dummheit windet. Selbst Sensei, der, als ich ihm in Japan begegnete, ein fortgeschrittener Schüler und schon lange dabei war und viele Jahre Sanzen hinter sich hatte, beklagte sich über Koans, er nannte sie «Wortlabyrinthe». Er arbeitete an einer langen Geschichte, in der ein weißer Kranich vorkam, und ein weißer Kranich hat eine bestimmte Bedeutung in der chinesischen Mythologie (ich habe jetzt vergessen, welche), und wenn man nicht weiß, was er bedeutet, wird man nie herausfinden, was der weiße Kranich in dem langen Koan tut, und man wird das Zen-Rätsel nicht lösen. In Senseis Fall wußte sein japanischer Lehrer nicht, daß Sensei, ein Amerikaner, die esoterische Bedeutung von «weißer Kranich» nicht kannte, mit dem Ergebnis, daß Meister und Schüler im Sanzen-Raum mit den Köpfen zusammenstießen und «wertvolle Zeit verloren wurde». Damals dachte ich, daß jene Beschwerde auch keinen Sinn machte. Hatte Sensei es eilig? Wollte er seinen Titel morgen? War er scharf darauf, seinen eigenen Laden als Lehrer aufzumachen?

Vermutlich war er das. Ben-san jedoch hatte nie Interesse an einer buddhistischen Karriere gezeigt. Höchstwahrscheinlich wollte er nur so Dinge wissen wie zum Beispiel, ob sich ein Sinn darin verbarg, daß er in eine fundamentalistische Protestantengemeinschaft, die einer strengen und unversöhnlichen Gottheit diente, der Ben nur entkommen wollte, hineingeboren wurde? Und was war mit dem Wunder des Lebens, dem er sich, bei seiner Liebe zu den Tieren in der Natur und seiner Bewunderung für schöne Strukturen, nahe fühlte, das er aber nie fest-halten konnte, nicht einmal nach dem dritten Becher Sake? Warum gab es den Vietnamkrieg? Warum mußte es sein, daß ein vollkommen guter Planet verschmutzt wurde? Jedesmal, wenn er ein neues Koan erhielt, dachte er, die Antwort könnte vielleicht seine Suche beenden, doch es gab immer einen weiteren Berg am Horizont. Das Stier-Koan war das letzte, an dem er arbeiten wollte. Er mußte unbedingt die Antwort wissen. Kannte ich sie?

«Dein Stier-Koan ist ein überbewertetes Koan», ließ ich Ben wissen. «Es ist nicht wie das Koan Mu oder das Geräusch einer klatschenden Hand. Das Schwanz-des-Stiers-Koan hat nichts mit dem Nichts zu tun. Es weist nicht auf die große Leere hin. Es umfaßt nicht das ganze Herz-Sutra in einer einzigen Negation. Es ist dein letztes Koan, und es ist unbedeutend.»

«Woher weißt *du* das?» fragte Ben. «Hast du das verdammte Ding gelöst?»

«Aber da gibt es nichts zu lösen», sagte ich. «Es ist bloß die kleine Illustration eines Problems, das nicht verschwinden wird. Weißt du, wofür ‹Schwanz› in der chinesischen Mythologie steht?»

«Für etwas zum Wedeln?»

Ich schüttelte den Kopf. Wäre dies Sanzen gewesen mit mir als Zen-Meister, der auf einer Plattform auf seinem Stapel Kissen thront, und mit Ben als Schüler, unterwürfig unten auf der Tatami, hätte ich meine kleine Glocke ergriffen und sie geschüttelt, und er hätte sich dreimal ausstrecken und fortgehen müssen, um am nächsten Tag früh und munter wieder zurück zu sein.

«Dicht dran», sagte ich. «Es ist etwas, mit dem man steckenbleibt. Der Begriff ‹Schwanz› in der fernöstlichen Symbolik bedeutet ‹Ego›, ‹Persönlichkeit›. Der Schwanz steht für ‹Ichsein›, und kein fleischgewordener Geist, ob er als Dalai Lama oder Allen Ginsberg, Christus, du, der letzte US-Präsident oder ich daherkommt, kann der Persönlichkeit entkommen, mit der wir nun einmal zufällig ausgestattet sind. Von der Wiege bis zur Bahre, sie ist immer da, verändert sich ständig, aber verschwindet nie ganz. Die Sorge um unsere eigene Person hält uns zwangsläufig zurück. Ich werde mir meinen Schwanz nicht abschneiden, bestenfalls kann ich versuchen, der Tatsache gewahr zu werden, daß ich von dem Anhängsel festgehalten werde.»

«Hast du das irgendwo gelesen?»

Klar hatte ich das irgendwo gelesen. Zen hält nicht viel von Büchern, aber es waren vierzigtausend Zen-Bücher in Asien erhältlich, bevor der Westen anfing, diese Zahl zu vervielfachen. Die meisten «offiziellen» Zen-Bücher, d. h. die meisten von qualifizierten Meistern veröffentlichten Abhandlungen zählen Koans auf und erklären sie irgendwie, ein paar ganz offen. Da gibt es THE SOUND OF ONE HAND, 281 Koans und ihre Antworten, ein 1916 von einem echten Zen-Meister verfaßtes Werk, kommentiert seither von mehreren anderen echten Zen-Meistern (einige sagen, es könne nicht schaden, andere meinen, es sollte verbrannt werden), übersetzt von dem Gelehrten Yoel Hoffmann, verlegt von Basic Books in New York, 1975. Die ursprüngliche Version dieses verräterischen Buchs wurde von mehreren Zen-Meistern aus Tokio aufgekauft und vernichtet, aber der Herausgeber druckte neue Auflagen. Es gab, und es gibt immer noch, THE GREEN GROTTO RECORD mit hundert von den Zen-Meistern Engo und Dai-e aus dem zehnten und elften Jahrhundert erläuterten Koans, erhältlich in wenigstens zwei englischen Übersetzungen. Es gibt das MUMONKAN (Die torlose Schranke) und das HEKIGANROKU (Niederschrift von der Smaragdenen Felswand), zwei klassische Koansammlungen. Große Büffelstiere und ihre hinderlichen Schwänze werden in diesen Arbeiten dargestellt.

«Es war Senseis Abschieds-Koan», sagte ich zu Ben. «Er verabschiedete sich von uns, seinen ersten Schülern, die er in Japan kennengelernt hatte und die ihm hier draußen in die Einsiedelei von Sorry folgten. Es zeigt, daß Zen-Lehrer Egos haben und daß er keine Ausnahme war. Sensei wollte uns mitteilen, daß alles, was er so offenkundig falsch gemacht hatte, unvermeidlich war. Er entschuldigte seine mißlungene Show hier. Er zeigte uns am Beispiel des Stierschwanzes, der nie durch das Licht des Erleuchtungsfensters gelangen würde, daß ein Teil von ihm im Schlamm festsaß.»

«Wie lautet also die richtige Antwort?» fragte Ben, denn alle «kleinen» Koans haben eine einzige richtige Antwort. Die muß man bei der Rinzai-Sekte, der Sensei angehörte, dem Lehrer geben, der einen aus der bis dahin erreichten Ebene der Einsicht entläßt und einem das nächste «kleine» Koan aufgibt, das einen weiteren Teilaspekt von Mu, der torlosen Schranke, dem Gegenstand des wirklichen, grundlegenden Rätsels, klären könnte. (*«Hat auch ein Hund Buddha-Wesen?» fragte der Mönch den Priester Joshu. Der Priester sagte «Mu», das bedeutet «nein».*)

Die richtige Antwort?

«Du machst folgendes», sagte ich zu Ben, «du schiebst dich auf den Knien ein wenig näher an die Plattform heran, lächelst höflich, und dann greifst du hinter Sensei und ziehst mit einem so gewaltigen Ruck an seinem Gewand, daß er beinahe hintenüberkippt, und du sagst: ‹Also, du hängst selbst ziemlich fest, stimmt's, alter Knabe?›»

«Das ist alles?»

Das war alles.

Es war Zeit, die Pagode zu verlassen. Ben zog seine

Schneeschuhe an und begleitete mich ein Stück auf dem Weg nach Sorry. «Dann war es also Senseis Abschieds-Koan, wie? Sein Ego hatte ihm ein hübsches Bein gestellt, seine Karriere als Lehrer zunichte gemacht, und er würde nicht mehr unsere Zeit und Mühe verschwenden? Oder seine?»

«Vielleicht», sagte ich.

«Du weißt es nicht sicher?»

Ich sagte, ich hätte es erfunden. Ich wisse nichts sicher. Und ich wünschte Ben-san «Buddha zum Gruße». Er kehrte um. Es hatte wieder heftig zu schneien begonnen.

2 Was geschah mit Harry?

manche Leute haben eine besondere Begabung fürs Zen-Stu-
dium. Sie lernen in einem Jahr Japanisch und/oder Chinesisch, bewegen sich nie während der Meditation und
sehen, im Falle uniformierter Mönche, gut aus in Roben,
die sie selbst flicken. Sie sind Naturbegabungen. Sie wissen Dinge, bevor man sie ihnen sagt.

Jonathan war, glaube ich, der Name des Naturtalents,
Jonathan Smith Bindestrich Sowieso. Er war ein großer
gutaussehender Mann mit einem vollen blonden Bart und
durchdringenden blauen Augen. Außerdem war er Engländer, in einem Schloß geboren und in den richtigen
Schulen erzogen, was ihm das Recht gab, einen Ober-
schichtakzent zu benutzen. Er erzählte mir, er habe sich
für Philosophie zu interessieren begonnen, als er mit den
unteren Schichten in Kontakt kam, und vor allem habe er
sich für Buddha interessiert, da auch Buddha ein Prinz gewesen sei. Sein Vater hatte das Familienvermögen ver-
spielt, doch Jonathan gelang es, stilvoll seinen eigenen Le-

bensunterhalt zu verdienen. Er tauchte auf, als wir Löcher auf der Zen-Farm in Maine gruben, tiefe Löcher für Obstbäume, die garantiert dreißig Grad unter Null aushalten sollten. Sensei hatte Pläne, in den kommenden Jahren Pflaumen auf dem lokalen Markt zu verkaufen. Es herrschte wenig Begeisterung bei seinen unmittelbaren Schülern, da sie die Erfahrung gemacht hatten, daß keines der Experimente des Meisters jemals funktioniert hatte. Als er ihren Widerwillen bei der Realisierung des Obstgartenprojekts bemerkte, forderte er seine externen Schüler, diejenigen, die nicht auf der Farm lebten und in der wirklichen Welt arbeiteten, um Geld für den Unterhalt ihrer Familien zu verdienen, auf, Wochenenden und Freizeit zu opfern. Jonathan, ein Gastschüler, grub plötzlich neben mir, einen langstieligen Spaten benutzend, als würde er das schon seit Jahren machen.

«Das ist sinnlose Arbeit», erklärte ich Jonathan, «denn die Bäume werden im nächsten Januar allesamt sterben.» Der Januar hat immer ein paar Nächte, in denen die Temperatur unter 50° sinkt. Jonathan grinste. «Staub zu Staub, richtig, alter Knabe? Bald wird ein Meteor den alten Planeten treffen, aber wir gehen weiter unserer Beschäftigung nach, oder etwa nicht, Sportsfreund?» Er grub weiter. Der Neuankömmling in unserer Zen-Gruppe trug einen weißen Baumwolloverall und die Sorte Hut, die ich auf dem Kopf des Jazzmusikers Lester Young gesehen hatte, flach, modisch, elegant, ausgefallen. Auch der Overall war modisch. «Wo kriegst du diese Kleider her?» Es stellte sich heraus, daß Jonathan mit gebrauchter Kleidung handelte. Er kaufte sie in riesigen Mengen von der US-Heilsarmee und ließ sie dann in Containern nach London transportieren, wo sie sortiert, gewaschen, repariert, chemisch gereinigt und an Secondhandshops überall im Vereinigten Königreich verkauft wurden. Besondere Artikel verkaufte er auf dem Tottingham Court Road Market in London. Natürlich, sagte er, arbeite er nicht selbst. Er lasse andere arbeiten, denn Arbeit bringe kein Geld ein, im Handel dagegen könne man Geld verdienen, und um in Übung zu bleiben, stelle er sich in London manchmal selbst auf den Markt und brülle mit seiner Shakespeare-Stimme ein erstauntes Publikum an, denn «es lockt die Käufer an, wenn man den komischen Kauz spielt, weißt du, alter Knabe, manchmal spiele ich sogar Trompete, und mein Mann, der sonst in Tottingham für mich arbeitet, ist aus Jamaika, unschlagbar bei der Perkussion. Wir spielen langsame, gefühlvolle Stücke, um sie zu ködern, dann Märsche, damit sie nach ihrem Portemonnaie greifen.»

Jonathan plante, einen Monat in der Einsiedelei in Maine zu bleiben, um zu sehen, was es mit dem Koan-lösen auf sich hatte. Er wohnte in einem nahe gelegenen, klimatisierten Motel, und als Transportmittel mietete er sich einen brandneuen Jeep. Die Frauen der Gemeinschaft waren von seiner eleganten Erscheinung sehr angetan, was die meisten Männer ihm gegenüber mißtrauisch sein ließ. Er schmeichelte uns jedoch allen, unsere gesträubte Federn glätteten sich allmählich wieder. Jonathan verfügte nicht nur über die feine Lebensart, die notwendig war, um in einer verkorksten geistigen Umwelt zu überleben, er hatte auch keine Schwierigkeiten mit der praktischen Schulung. Für alte Zen-Hasen ist es immer eine Freude, Neuankömmlinge auf harten Kissen mit schmerzendem, qualvoll verbogenem Körper leiden zu sehen, doch Jonathan übte auf einem unsichtbaren, selbstgemachten Wolkenkissen anscheinend mühelos Za-zen. Er streckte in den Pausen nicht einmal seine Beine. Sensei war erpicht darauf, ihn dazu zu bringen, ständig bei uns zu bleiben, und lud ihn zum Abendessen zu sich ein und zu privaten Konzerten, bei denen sie, Sensei auf dem Cello, Jonathan auf der Trompete, Variationen von Sati-Melodien spielten. Jonathan, der oft mit mir zusammen arbeitete, riet mir, Sensei gegenüber auf der Hut zu sein. Unser Lehrer erinnerte ihn an einen Abt, den er während eines anderen spirituellen Ausflugs in Nevada kennengelernt hatte, wo schwarzgewandete, bärtige religiöse Mönche im Exil ein blühendes Kloster gegründet hatten, das gut davon lebte, große Mengen fetter Truthähne zu züchten. Eine von Jonathans Großmüttern war Russin, und er hatte sich immer zum russischen Kreuz, zu Rasputin-Bärten, *der dunklen Sehnsucht nach Erlösung von der Unwissenheit*, wie er es formulierte, hingezogen gefühlt, bis das Ergebnis der Nevada-Erfahrung seinen Geist auf die grenzenlose Leere der Anarchie gelenkt hatte, die er am Ende des buddhistischen Wegs kennenzulernen hoffte.

«Ich will nicht mehr der Illusion des Sinns nachjagen», erzählte er mir, während er Löcher für Senseis todgeweihte Pflaumenbäume grub. «Ich will das Leben *jetzt* als sinnlos akzeptieren.» Er verfiel in das Stammeln, das gebildete Engländer gern verwenden, wenn sie eine neue Theorie aufstellen. «Aber ich habe immer noch Schwierigkeiten damit. Deshalb dachte ich, ich schau mir mal an, was ihr Zen-Burschen so zu bieten habt. Weißt du? Daß alles Illusion ist! Nicht an irgendeiner Erklärung festhalten! Zum Teufel mit Werten! Frei sein?»

Ich dachte immer noch über das düstere religiöse Ziel seiner russischen Großmutter nach. Dunkel sehnend, von der Unwissenheit erlöst zu werden?

«Aber sollte es in unserer Sehnsucht nach Freiheit nicht *Licht* geben?» fragte ich. «Steht *Unwissenheit* nicht für Dunkelheit? Deine russischen Mönche machen es verkehrt herum.»

«Rußland lebt davon, unrecht zu haben», sagte Jonathan. «Warum sollte ein anderer Weg nicht gültig sein? Der lachende Buddha, der weinende christliche Heilige. Was spielt es für eine Rolle, wie man dorthin kommt? Zielen nicht alle Religionen auf die Spitze des Berges? Meine Großmutter wollte eigentlich nicht das Licht sehen, sie wollte in dunklen Schatten schwelgen. Es gefiel ihr zu klagen. Sie spielte orthodoxe Psalme auf der Balalaika und erstickte in Tränen, während sie mitzusingen versuchte. Als Kind rief ich immer, wenn sie gelangweilt aussah, ‹Fjodor Dostojewski›, um sie wieder in der Lobpreisung ihres Heimwehs zum Schmelzen zu bringen. Oder jemand drohte ihr mit dem Finger und sagte ‹njet› (nein). Keine Dinge zu haben machte Großmutter glücklich. Sie sagte nur ‹da› (ja), um zu bestätigen, daß sie litt.» Er stützte sich auf seinen Spatengriff. «Übrigens, dein Lehrer scheint auch ein ziemlich düsterer Typ zu sein.»

«Du magst Sensei nicht?»

Jonathan zuckte die Achseln. Mögen, nicht mögen, er ließ sich nicht dazu verführen, Werturteile zu fällen. «Er erinnert mich an Vater Stanislas, kein netter Mann, weißt du, ein schlimmer Typ. Er liebte es, Scherze zu machen, er konnte ein freundliches Gesicht aufsetzen wie Sensei, wenn er nach dem Cello-Spiel Kentucky ausschenkt, an seinem Whisky nippt. Aber er wollte dein Leid, deinen Kummer sehen.»

Ich insistierte. «Sensei kommt dir nicht liebevoll vor? Will zum Beispiel nicht seine Einsichten teilen? Er ist kein gesegneter Geist, befähigt, in die unendliche Gnade der Leere einzutreten, was er aber nicht tut, weil er zuvor alle fühlenden Wesen retten, das höchste Opfer bringen will?»

Jonathan war mit dem Bodhisattwa-Ideal vertraut. Zuerst alle anderen zu retten ist ein Zen-Gelübde. Kein Weg führt zur Zen-Einsicht, wenn der Schüler nur für sich selbst Erleuchtung will. Der Trick besteht darin, auf diese

Art von Belohnung zu verzichten. Nur der Selbstlose geht durch das Nadelöhr. «Nein», sagte Jonathan wieder, «Sensei kommt mir nicht wie jemand vor, der teilt.» Jonathan glaubte, Sensei sei wie Vater Stanislas von einem Dämon verleitet worden, seine Position vorübergehender Macht auszunutzen. «Schüler geben gute Sklaven ab.»

Jonathan erzählte mir von seinem Aufenthalt bei den Mönchen in Nevada, nach einer weiteren Geschäftsreise, auf der er Tonnen von Kleidern bei der Heilsarmee in Los Angeles gekauft hatte. Um seine gierige Seele zu reinigen (und auch seine wollüstige, er hatte in Las Vegas ein Revuegirl für private Vorführungen gemietet), war er in das Bergkloster gegangen, zum Teil wahrscheinlich in Erinnerung an Großmamas dunkle Sehnsüchte. Sein spirituelles Abenteuer in den Hügeln von Nevada hatte ihm zuerst gefallen. Da war die Wüste in der Umgebung des Klosters, und er war zwischen Riesenkakteen umherspaziert und von einem neugierigen Kojoten beschnüffelt worden. Er betete in seiner Zelle, mit dem Mond hinter dem vergitterten Fenster. Das Essen schmeckte ihm: hausgebackene Laibe dunklen Brots, gebackener Kaktus und Truthahneier mit raffinierten Salaten; die mönchische Bohnensuppe war eine Delikatesse. Er glaubte, *die dunkle Sehnsucht* zu spüren, die mit *der Erlösung von der Unwissenheit* einhergeht. «Doch dann sprach der Sheriff mit mir in der Stadt.» Jonathan fuhr alle paar Tage in die Stadt, um Zigarren zu rauchen und zuzusehen, wie Cowgirls verbeulte Pick-up-Trucks fuhren. «Ich bin eigentlich nicht auf religiöse Erfahrungen aus, alter Knabe. Wüßte nicht, wie ich mit einer heiligen Vision umgehen sollte.» Jonathan saß auf einem Hotelbalkon, und der Sheriff tauchte auf, setzte sich neben ihn, wünschte dem Fremden einen guten Tag wie in guten B-Filmen, kaute Tabak, spuckte aus, ohne seine Schlangenhautstiefel zu treffen. Der Sheriff war ein großer Mann mit getönten Koteletten, trug einen Stetson, eine Khakiuniform, eine Seitenwaffe in einem Halfter. «Er sagte, er habe gehört, daß ich mich im Kommunistenkloster aufhalte, und ob ich wohl herausfinden könne, was mit Harry passiert sei.»

Ich hörte auf, Löcher für die Pflaumenbäume zu graben, die in diesem Winter erfrieren würden, alle hundertfünfzig, gekauft von den Beiträgen von Senseis Schülern.

Jonathan und ich tranken hinter einem Wacholderbusch Tee aus Jonathans Thermosflasche, während sich die Geschichte entfaltete. Harry war ein freundlicher Mönch, der einmal in der Woche in die Stadt fuhr, um Lebensmittelvorräte für sein Kloster einzukaufen. Harry sprach etwas Englisch. Die Kinder liebten Harry, weil er wie ein junger Weihnachtsmann aussah und mit einem Stapel Telefonbüchern jonglieren konnte; dabei spielte er den Ungeschickten, ließ die schweren Bücher fallen, fing sie aber mit dem Fuß auf und kickte sie nach hinten, wo er sie beiläufig schnappte, während er so tat, als kratze er sich am Hintern. Harry war wirklich komisch, doch dann kam er nicht mehr in die Stadt, und sein Ersatzmann wurde nervös, wenn er nach Harry gefragt wurde. Welcher Harry?

Was war mit Harry, dem Telefonbuchjongleur geschehen, fragte der Sheriff. Ob Jonathan ein paar Erkundigungen einziehen würde? Waren die Engländer und die Amerikaner nicht Verbündete? Waren sie nicht erst vor kurzem zusammen im Krieg gewesen? Der Sheriff würde die Hilfe eines Verbündeten enorm zu schätzen wissen.

«Das war vor dem Fall der Berliner Mauer», sagte Jonathan zu mir. «Die Osteuropäer wurden immer noch für pathologisch instabil gehalten. Vater Stanislas war pathologisch *sehr* instabil.»

Ich erkannte, worauf das zielte. Während meiner Ausbildung bei der städtischen Hilfspolizei von Amsterdam war ich in einem Kriminalhandbuch auf eine Abhandlung mit dem Titel *Über psychotisches Verhalten in Sektengruppen* gestoßen. Sektenführer, so behauptete der Psychologe, lieben es, ihre hausgemachten Vorschriften durchzusetzen. Wenn diese selbsternannten Diktatoren in kleinen isolierten Gruppen Macht ausüben, besteht die reale Gefahr kriminellen Verhaltens. In größeren Organisationen gibt es normalerweise eine gewisse Kontrolle. Bischöfe überprüfen Äbte. Von den niederen Rängen, dem Fußvolk, den Mönchen oder Nonnen können Beschwerden eingereicht werden, die eine Art religiöser Polizei dann untersucht. Es gibt das Kirchenrecht, das wenigstens ein Minimum an gegenseitigem Verständnis und Respekt vor persönlicher Freiheit vorschreibt. Soviel zur idealen Situation, aber im Falle einer Gemeinschaft fern der Mutterkirche hat die Macht eines Führers die Tendenz, absolut zu werden. Die Durchsetzung der Ordensregel erfaßt meist nicht die «heiligen» Leute, die sich in isolierten ländlichen Gebieten aufhalten. Von seinen Vorgesetzten nicht erreichbar, wird der Sektenführer zu einer gewaltigen Figur anschwellen. Absolute Macht verstärkt bekanntlich den Sadismus, der in der menschlichen Psyche immer vorhanden ist. Bestrafung in unkontrollierten Sektengruppen erfolgt häufig durch «Schneiden», wobei das ungehorsame Opfer von der Gruppe ignoriert wird, oder Missetäter dürfen nicht mehr an gemeinsamen Gebeten und Meditationen teilnehmen, sondern müssen, unter unangenehmen Bedingungen, «allein an ihrer Erlösung arbeiten». Eine andere Art, die Widerspenstigen zu demütigen, besteht darin, sie zu zwingen, stundenlang vor Tagesanbruch draußen vor dem Quartier des Meisters zu knien und um Vergebung zu bitten. Es kann immer noch schlimmer werden. Schläge, Folter, Nahrungsentzug, unbehandelte Krankheiten sind

35

dokumentiert, und in Harrys Fall war es Mord. Harry hatte Vater Stanislas' Mißfallen erregt und wurde, auf Geheiß des Vorgesetzten, von seinen Kameraden verprügelt. «Brachen ihm Rippen und Schädel. Dann ließen ihn die Kerle sterben.» Jonathan starrte mich an. «Kein schönes Bild.»

«Du hast die Leiche gesehen?»

«Ja. Es fand eine Autopsie statt. Die Mönche gestanden. Nur Vater Stanislas wurde angeklagt.»

«Was hatte Harry getan?»

«Sich öffentlich über Vater Stanislas lustig gemacht.»

«Du hast die Leiche gefunden?» fragte ich.

Nein, das hatte Jonathan nicht, aber er hatte sich gedacht, wo Harrys sterbliche Überreste versteckt waren, weil der Kojote, der zuvor an ihm geschnüffelt hatte, nicht aufhörte, heulend um die Steine herumzulaufen, die über dem flachen Grab des Unglücklichen aufgehäuft waren. «Es gibt immer ein flaches Grab bei einem dilettantischen Mord», sagte er düster, «und es gibt immer die ungerächte Seele, die nach Aufmerksamkeit schreit.»

Von dem insistierenden Kojoten alarmiert, wies Jonathan den Sheriff in die richtige Richtung.

«Mach nicht so ein ängstliches Gesicht, alter Knabe», sagte Jonathan zu mir. «Das gehört alles zum Spiel dazu. Solltet ihr euch beim Zen nicht um Abstand bemühen?» Er hatte gelesen, daß in Tokio ein junger Mönch in der Meditationshalle eines berühmten Zen-Tempels eingeschlafen war, nach vorn fiel und sich den Schädel auf dem Steinboden brach. Ein anderer Mönch erhielt mit dem kurzen, schweren Stock eines Zen-Meisters einen Schlag auf den Kopf. Auch er überlebte nicht. Die Meister wurden nicht einmal von der Polizei verhört.

Ich erkundigte mich, was bei dem Prozeß um Harrys Tod geschah. Vater Stanislas wurde in eine Anstalt für geisteskranke Kriminelle gesteckt. «Auch dort richtete er eine Truthahnfarm ein, stellte dann jedoch auf Strauße um. Strauße haben mehr Fleisch, und die Federn gibt's gratis dazu.»

Paranoia überfiel mich. Große Vögel mästen, dachte ich. Und hier waren wir und boten uns dem von uns selbst bevollmächtigten Vater Sensei zum Schlachten an.

Da Jonathan kein Bedürfnis zeigte, ständiger Schüler zu werden, ließ Sensei ihn nicht an einem Koan arbeiten. Jonathan fragte mich immer nach meinem Koan-Studium aus. Da er ein Naturtalent war und in Anbetracht seiner langen und mühelosen Meditationen sowie der Ruhe, die ich in seinem Geist spürte, seiner Fähigkeit, trotz widriger Umstände gelassen zu bleiben, seiner Selbstbeherrschung, seinem Beharren auf pünktlichen Tee-Zeremonien (zweimal am Tag mit viel Milch und Zucker serviert, egal mit wem er zufällig zusammen war), dachte ich, ich könnte ihn vielleicht bei dem «spirituellen Problem», mit dem ich kämpfte, testen.

Tokusans Schale ist ein langes Koan. Das Auswendiglernen langer Koan-Geschichten ist eine mit dem Zen-Studium verbundene Plage. Perfektionisten, und Sensei war einer, verlangen von ihren Schülern, daß sie jedesmal, wenn eine Begegnung zwischen dem Meister und einem Schüler stattfindet, das ganze Koan *ad verbatim* aufsagen. Ich hatte die Geschichte den ganzen Winter mit mir herumgetragen, draußen vor dem Koan-Haus gewartet, während Mäuse sich an meinen nackten Füßen wärmten.

Dies ist das Problem, das das «Schalen»-Koan illustriert und das der Schüler kommentieren soll, damit er vielleicht Einsicht gewinnt:

Ein Zen-Kloster. Tokusan ist der Abt, Seppo ist der Vorsteher (Äbte lehren, Vorsteher sind Tempelverwalter), und eines Tages verspätet sich das Mittagsmahl. Tokusan, die Schale in der Hand, betritt die Halle. Seppo sagt: «Ich habe die Glocke nicht die Mittagszeit ankündigen hören, und der Gong ist auch nicht ertönt. Alter Mann mit deiner Schale, was tust du?»

Tokusan ist still, er senkt den Kopf und kehrt in sein Zimmer zurück. Nun sagt Seppo zu einem anderen Mönch, Ganto: «Tokusan mag groß sein, aber den letzten Teil hat er doch nicht verstanden.»

Jonathan kam zum Abendessen in mein Haus, und anschließend nahm ich ihn in mein Arbeitszimmer mit. Ich zeigte ihm das Koan, das ich aus einem chinesischen Lehrbuch abgeschrieben und an die Wand geheftet hatte. Ich kenne nur wenige chinesische Hieroglyphen, aber die echten Schriftzeichen dort oben zu haben gab mir das Gefühl, näher an ihrer Bedeutung zu sein. Ich erklärte das meinem Gast, während ich den Text übersetzte. «Näher an ihrer Bedeutung.»

«Du meinst, näher an ihrer Nicht-Bedeutung», sagte Jonathan. «Das muß der Schlüssel sein. Nicht-Bedeutung. Wenn du Diskussionen zwischen vorbildlichen Zen-Männern analysierst und mit Bedeutung zu operieren versuchst, bist du auf der Stelle verloren.»

Das war die Antwort, natürlich. Ein Teil der Antwort jedenfalls. Ich hatte mich täuschen lassen; viele kalte Monate lang und während ziemlich vieler unangenehmer Begegnungen mit Sensei hatte ich geglaubt, Tokusan messe dem ungehobelten Benehmen seines Vorstehers eine Bedeutung bei. «Bedeutung» war Tokusan völlig gleichgültig, sonst hätte er kein freier Mann sein können, befähigt, dem Unerleuchteten den Weg zu zeigen. Wie dumm von mir.

«Dachtest du, der alte Knabe sei verstimmt gewesen?» fragte Jonathan. «Warum? Weil er den Kopf senkte? Dachtest du, er würde dem flegelhaften Mönch seinen kahlen Schädel in die Brust rammen, um ihm zu zeigen, was los ist? Das glaube ich nicht, nicht bei dem Kontext der Szene. Tokusan verneigte sich wahrscheinlich nur, um zu bestätigen, daß er die Information, Mittagessen gebe es später, verstanden hatte. Und er sah nicht ein, warum er in einer zugigen Dharma-Halle herumhängen sollte, wenn er ein Stockwerk höher ein gemütliches Zimmer mit einer weichen Matratze hatte. Er ging ruhig zurück, um noch ein kleines Nickerchen zu machen, meinst du nicht?»

Natürlich. Tokusan war kein Vater Stanislas, der Harry zu Tode geprügelt hätte, weil er der erleuchteten Autorität nicht genügend Respekt erwies.

Ich nahm meine Antwort, Jonathans Antwort, zu Sensei mit, der grunzte und mit weiteren Teilen des Koans fortfuhr, um zu sehen, ob ich den tieferen Sinn von Tokusans gleichmütigem Verhalten begriffen hatte, aber ich antwortete immer in derselben Weise. Sensei grunzte jedesmal zustimmend. Wir gingen zum nächsten Koan über.

Vielleicht hatte Baba ja ebenfalls recht. Es könnte sein, daß Koans überschätzt werden, doch dieses spezielle Rätsel hat mich bis heute begleitet. Jonathans Antwort ist die Lösung für Probleme, wie sie in Gangsterfilmen dargestellt werden. All diese Schießereien werden unnötig, wenn die Dons ihr Tokusan-Wesen erkennen. Die Anwendung des Prinzips der praktizierten Unterwerfung wäre das Ende der Waffenindustrie. Es hat in meinem eigenen Leben funktioniert, weil meine Persönlichkeit besonders verwundbar zu sein scheint, wenn sie das Gefühl hat, nicht genügend respektiert zu werden. Ich muß nur eine ruhige Stimme in mir finden, die mir sagt, es ist in Ordnung, Seppo ist auch nur einer von diesen Lümmeln, was ist daran schon Neues in dieser Welt des flegelhaften Egoismus, mach dir also keine Sorgen, das Essen kommt noch, es kommt nur ein wenig später. Ähnliche innere Dialoge verfehlen nie ihren Zweck. Älterer Bruder, der Beobachter, ermahnt jüngeren Bruder, den Handelnden, nicht die Ruhe zu verlieren, denn hat der kleine Bursche nicht immerhin eine Weile Zen studiert? Der Knirps regt sich prompt ab und macht mit dem Hund einen Spaziergang, anstatt mit der Faust auf den Küchentisch zu hauen und sich den Zorn töricht langsamer Köche zuzuziehen, was bestimmt zu unnötigem Ärger geführt hätte.

«Was wäre, wenn Tokusan Seppo angeschrien hätte?» fragte ich Jonathan.

«Ich bin sicher, daß er das in Wirklichkeit getan hat.» Er benutzte sein britisches Stottern. «Ich sssage ...» Jonathan, das Naturtalent, sagte, er glaube, daß der aufbrausende Lehrer Tokusan den unverschämten Vorsteher Seppo in der wirklichen, unveröffentlichten Szene angebrüllt und ihm Beleidigungen an den Kopf geworfen hat, bevor er in sein Zimmer zurückstampfte, aber die zutreffende Wiedergabe von Alltagsereignissen bringe eben keine brauchbaren Koans hervor. Er zwinkerte mir zu. «Habe ich nicht recht, alter Knabe?»

3 Wer, zum Teufel, war Buddha?

meine erste Begegnung mit Zen fand im Japan der fünfziger Jahre statt, in der Tempelstadt Kioto. Keine Verschmutzung, keine Verkehrsstaus. Die Dinge waren so, wie sie sein sollten, als ich arglos in meinen fernöstlichen Traum spazierte. Der Tempel, zu dem mich mein Karma führte, war das Daitoku-ji, ein riesiger buddhistischer Komplex, der vor langer Zeit in einem noch älteren Stil, dem aus chinesischen Berichten kopierten Stil der Tang-Dynastie, erbaut worden war. Schräg abfallende, an den Ecken nach oben gebogene Dächer, getünchte Mauern mit Kronen aus Schieferziegeln, monumentale Tore bewachende Statuen egovernichtender Ungeheuer, kunstvoll geschnittene immergrüne Bäume und Büsche, sorgsam gepflegte Moosgärten, Riesengoldfische in flachen, klaren Teichen, geschwungene Brücken, es war alles da, der ideale Hintergrund für Mönche und Priester auf *getas* (jazzig klingenden hölzernen Clogs) und in schlichten Roben unter glänzenden geschorenen Köpfen. Der Anblick dieser mystischen Pracht brachte meine Zweifel, ob ich wenigstens einige Antworten finden würde, zum Verstummen.

Obwohl der christliche Glaube, der Glaube meiner Jugend, von den Greueln des Zweiten Weltkriegs ausgelöscht wurde – es fällt schwer, an Liebe zu glauben, wenn die eigenen Schulkameraden in Viehwaggons getrieben werden, die mit dem Namen eines Todeslagers beschriftet sind –, hielt ich an der Idee fest, daß, wenn ich einen Sinn in dieser verwirrenden Welt finden wollte, ich nur zu klopfen brauchte und die Tür aufgetan würde. Das Tor des Daitoku-ji war zufällig offen, als ich nach einer langen und umständlichen Reise um drei Viertel der Welt herum dort eintraf, aber ich klopfte trotzdem. Da war eine riesige Kupferglocke mit einem hölzernen Hammer, und ich schlug ihn an. Ich fühlte mich wie ein Schauspieler in einem klassischen japanischen Film. Würden religiöse Samurai herauskommen, um mich zu einem erleuchteten Meister zu führen? Ehrfürchtig stand ich da. Der dröhnende Klang der riesigen Glocke brachte Mönche zum Vorschein, die ebenfalls voller Ehrfurcht waren, denn diese Glocke wurde nur bei wichtigen Gelegenheiten angeschlagen. Es war nicht Neujahr, es stand keine Versammlung hoher Zen-Amtsträger in Kürze bevor, es war nicht Buddhas Geburtstag, es war nur ich, ein *gaijin*, ein Ausländer, der viel Lärm machte, um in ihre höhere und exklusive Welt eingelassen zu werden. Sie wären mich gern auf der Stelle losgeworden, aber der Abt ignorierte ihre Empfehlungen. Das verheißungsvolle Ereignis fand vor vierzig Jahren statt, und ich werde für die Entscheidung des Lehrers immer dankbar sein. Seine kleine, tadellose menschliche Erscheinung mit dem freundlichen Lächeln und den einsichtsvoll schräg stehenden Augen unter komisch gehobenen Brauen ist immer noch ein Bild, das mir durch schwierige Augenblicke hilft. Falls es so ein Phänomen wie eine lebende

Gottheit geben sollte, dann war Roshi genau das. Wenn sich Wolken in meinem Geist zusammenbrauen, bitte ich meine Erinnerung an ihn, sich neben mich zu setzen, und ich höre das Rascheln seines sauberen Leinengewands, während er umhergeht, um zu sehen, wohin ich ihn dieses Mal gebracht habe. Ich bitte die Erinnerung nie um Hilfe, denn es ist nicht nötig, seine Distanziertheit der Gefahr einer Erschütterung auszusetzen. Als er noch lebte, schien er in seinem unermüdlichen Streben, den Schülern zu innerer Freiheit zu verhelfen, sehr distanziert. Er vermittelte den Eindruck, sich ganz einzusetzen, ohne sich um das Ergebnis zu kümmern. Vielleicht trug dazu bei, daß er dem Tod nahe war, als ich ihm begegnete. Sein offizieller Titel war *Roshi*, was «alter Mann» bedeutet, und jetzt, wo ich selbst ein alter Mann bin, verlieren die Irritationen des täglichen Lebens ihre Schärfe. Hohes Alter, vor allem in Verbindung mit dem Bewußtsein einer todbringenden Krankheit, hat naturgemäß die Tendenz, uns vom Ego Großmaul zu befreien, was selbst auf einen Mann zutrifft, der den größten Teil seines Lebens daran gewöhnt war, respektiert zu werden und seine Wünsche erfüllt zu bekommen. In Roshis Fall müssen persönliche Sorgen ohnehin minimal gewesen sein. Er besaß nie etwas außer ein paar Gewändern, und er schien seinem Titel nie irgendeine Bedeutung beizumessen. Roshi Schmoschi. Wer ist da, um sich darum zu sorgen? Sein Körper litt an einer schweren Form der Parkinsonschen Krankheit, aber seine zitternden Hände hielten ihn nicht davon ab, nach langen Meditationen und einer anstrengenden Folge von aktiven Zusammenkünften mit seinen Schülern in der Küche auszuhelfen. Da er auf dem Weg hinaus war, hatte er weniger Grund, sich um den weltlichen Rat seiner älteren Mönche zu kümmern. Ich war nie mehr als ein marginaler Schüler, nie besonders bemüht, ein eifriger Anhänger zu sein, doch die Art, wie er mich behandelte, zeigte mir, daß er meine Motivation akzeptierte. Ich wurde, und werde noch immer, vom «großen Zweifel» angetrieben, einer Heimsuchung, der kleine Kinder, Betrunkene, Narren und Schizophrene ausgesetzt sind. Es ist ein Fluch, unfähig zu sein, positive Antworten in bezug auf das «Wozu» und «Warum» zu akzeptieren. Es ist auch nicht schön, keinen Glauben an eine gütige, ein vollkommenes Universum erschaffende Macht zu haben. Dieses Leiden hatte mich aus einer komfortablen Existenz gerissen. Nervös klopfte ich an das biblische Tor, das zufällig ein buddhistisches war, und ein echter Zen-Meister, ein Führer auf einem Weg, der begann, als Buddha schweigend eine Blume hob, um meine Frage zu beantworten, ließ mich ein.

Roshi behandelte mich respektvoll, akzeptierte mich als aufrichtig Suchenden. Er machte auch Scherze. An einem frühen Morgen kletterte er von seinen Kissen, streckte seinen schmerzenden Körper vor mir aus und sprach mich als Jan-Buddha an. «Weshalb, Jan-Buddha, schaust du so finster drein?» Bei einer anderen Gelegenheit lachte er und sagte: «Du bist wie ein Fisch im Ozean, der sich über Durst beklagt.» Er bestand darauf, daß ich in meinem wahren Sein bereits alles wisse, alles sei und nichts brauche. «Aber ich brauche Sie, damit Sie mir das Nichts geben, Sir», erwiderte ich, mich daran erinnernd, daß ich gelesen hatte, die Grundlage des Buddhismus sei die Leere, das Nichts. Ich dachte, daß ich dieses Nichts gern erfahren würde. Ich wollte, daß er mich dorthin brächte. Der Gedanke, nach totaler Leere zu streben und sie schließlich zu erreichen, gefiel mir. Irgendwie ließ es mich an Harley Davidsons und nackte Frauen denken.

Roshi sagte, ich solle auch nicht am Nichts festhalten.

«Sei, was du bereits bist, Jan-Buddha, frei, frei sogar vom Nichts.»

«Laß los, laß los!» Er taumelte auf seiner Plattform umher, ebenfalls die Leere loslassend, ausgelassen blickend, in die Hände klatschend.

Es ist gefährlich, so zu reden. Zen-Schüler, vom Drängen ihrer Lehrer «loszulassen» in den Wahnsinn getrieben, sind von Brücken und Häusern in den Tod gesprungen, aber ich denke, Roshi glaubte nicht, daß ich ihn durch ein solches tödliches Spektakel in Verlegenheit bringen würde. «Ich will sehen, was ich für Sie tun kann», sagte ich. Das fand er lustig. «Mach ein bißchen Zazen für mich, dann zeig mir deine Freiheit. Laß los, Jan-Buddha.»

Er lehrte auf verschiedenen Ebenen. Als ich ankam, fragte er mich, was ich gemacht hätte, bevor ich die Glocke an seinem offenen Tor anschlug. Ich sagte, ich hätte Geld verdient. Warum ich das denn aufgegeben hätte? «Geld hat keine wirkliche Substanz, Sir.»

«Aber du hast doch Geld?» fragte er, heftig die Stirn runzelnd. Er deutete auf den rauchenden Küchenschornstein, auf die im Aschenbecher zwischen uns glimmenden Zigaretten, auf den dampfenden Teekessel neben sich. Er sagte mir, was diese unsubstantiellen Dinge in Japan kosteten: Feuerholz zu 200 Yen das Klafter, Shinsei-Zigaretten 50 Yen das Zwanzigerpäckchen, grüner Tee, selbst der billige, im Tempel benutzte «Ban-cha» war soeben auf 29 Yen die metrische Unze gestiegen. Nichts war billig hier. Er könne mich nicht umsonst in den Mönchs-Quartieren, dem gepriesenen *Sodo*, wohnen lassen. Er würde mir eine Menge Geld für seine Mühe berechnen. Er machte ein so ängstliches Gesicht, daß ich meine Geldbörse hervorzog und ihm ein Bündel Travellerschecks zeigte. «Gut, gut.» Roshi war sehr erleichtert. Später, als ein Mönch in mein Zimmer kam, um mir einigen Papierkram zum Erledigen zu bringen, sah ich, daß ich für einen Monat Unterkunft und Verpflegung bezahlen sollte, was, dem Taxifahrer zufolge, der mich zum Tempel gefahren hatte, der Summe entsprach, die ein vernünftiger Mann für eine Nacht im Rotlichtviertel ausgeben würde.

Ich bräuchte Geld, versicherte mir Roshi, und ich müsse loslassen, sogar mein geschätztes Nichts.

Einer der Mönche erzählte mir, während wir in einem Moosflecken Unkraut jäteten, er wolle nichts und davon eine Menge. Mo-san, der ein guter alter Junge war, als ich ihn kennenlernte, sorgte sich offenbar kaum um irgend etwas, nicht einmal um seine sehr kleine Statur. Angeblich hatte er schnelle Fortschritte in seinem Koan-Studium gemacht. Mo-san störten weder Insektenstiche, langes Sitzen, schlechtes Essen, Zugluft im Speiseraum noch, daß er vom Klostervorsteher herumkommandiert wurde. Ich dachte, dieser super-coole Typ hätte eine untadelige Karriere vor sich. «Ich zeig dir eine Falle, und du fällst hinein», sagte, einer chinesischen Sage zufolge, ein Affe zu einem künftigen Weisen, den er auf dem Weg zu Buddhas Tempel begleitete (MONKEY, von Wu Ch'eng-en, ein allegorischer Roman aus dem sechzehnten Jahrhundert, den ich damals las; dt.: Monkeys Pilgerfahrt). Als Mo-sans Falle erwies sich sein Eifer, sich um nichts zu sorgen, nichts wichtig zu nehmen. Wichtig war ihm dennoch, als lehrender Priester für das magische Amerika ausgewählt zu werden. Ich hörte, daß er ungefähr zehn Jahre später stellvertretender Meister in einem amerikanischen Zen-Tempel an der Westküste wurde. Während seiner Amtszeit verbarg er seine Kleinheit durch das Tragen von Plateausohlen unter verlängerten Roben, und er bestand darauf, daß seine Laienschüler ihm einen Cadillac kauften, in dem er umhergleiten konnte. Er löste einen Skandal aus, als er Einsicht gegen intime Begegnungen mit großen Blondinen zu tauschen versuchte, und ich hörte, daß er seine Lehrbefugnis zurückgab. Mo-san muß

46

jetzt alt sein. Ich bin sicher, daß es ihm wirklich gutgeht. Zen-Mönche, die in Schwierigkeiten geraten sind und das Gefühl haben, etwas wiedergutmachen zu müssen, werden oft erfolgreiche Einsiedler. Wenn sie die *Sangha*, die uniformierte buddhistische Bruderschaft, für immer verlassen, haben sie bei ihrer nächsten Beschäftigung, egal welcher, gewöhnlich Erfolg. Das Ertragen schmerzhafter und rasend machender Meditationen, undankbare Arbeit in Gemüsegärten, Demut gegenüber machtbesessenen Vorgesetzten und Entbehrungen bringen oft einen furchtlosen Geist hervor, der angesichts widriger Umstände das Durchhaltevermögen stärkt.

Ein amerikanischer Ex-Zen-Mönch, ein kräftiger Mann mit rotem Haar, das innerhalb einer Stunde, nachdem er sich den Schädel rasiert hatte, wieder glühte, wurde ein vorbildlicher Langstreckenfahrer. Wir trafen uns an einer Fernfahrer-Raststätte in Nord-Arizona. Ein Mann, den ich einmal als Bruder Joe gekannt hatte, mixte mit peinlicher Sorgfalt ein Soda an einer Maschine mit mehreren Zapfhähnen. Ein Drittel Cola, ein Viertel Sprite, 41 Prozent Eistee sprudelten auf ein routiniertes Vorschnellen mit dem Handgelenk, einen genau bemessenen Druck mit dem Finger nacheinander in seinen Becher. «Du liebst immer noch das Zeremoniell?» fragte ich Joe, während ich versuchte, die richtige Menge Senf auf Hot dogs für meine Frau und mich zu bekommen. Joe sagte, er tue nichts lieber, als das Supersoda zu mixen. «Zwanghaftigkeit hat mich im Tempel nicht weit gebracht, aber sie macht mich zweifellos zu einem glücklichen Fernfahrer.»

Was war mit dem Zweifel an der Existenz?

Joe zuckte die Schultern.

Was war mit dem Großen Zweifel, der Männer wie Hakuin, Lo Pi, Jack Kerouac, Bodhidharma und den gelegentlichen modernen Dichter antreibt?

Welcher Zweifel?

Ich deutete auf den Nachthimmel hinter dem Fenster des Fernfahrerrestaurants.

Was sollte damit sein?

Die Fragen, die sich angesichts der Unendlichkeit, der Schönheit, der Musik, des Grauens von allem und jedem stellten.

Joe sagte, er wisse nichts von allem und jedem, aber er staune über die gigantische Illusion des Nachthimmels, bewundere die mächtige Kurve der Brüste des Titelmädchens auf der Fernsehzeitschrift, sei fasziniert von dem tragischen Schrei des Seetauchers, schockiert von dem Klagen der Überlebenden des jüngsten Massakers in einem Land, das man in wenigen Stunden mit dem Flugzeug erreichen kann, aber all das habe ihn nicht veranlaßt, Mönch zu werden. Ihm komme es mehr darauf an, sich «gut zu fühlen». Im Tempel habe er sich wegen der vorhersagbaren Disziplin gut gefühlt: Glocken und Klappern um genau drei Uhr morgens, Frühstück präzise vier Stunden später, die pünktlichen Meditationen, der strenge Kalender der Ereignisse. Er wisse gern, an welcher Stelle in Zeit und Raum er sich befinde. Warum sich um ein sinnloses Universum Sorgen machen, solange einem die vorherrschende Routine ein gleichmäßiges subjektives Wohlbefinden verschaffe? Seine Fähigkeit, keine Überraschungen zu verursachen und zu dulden, habe dazu geführt, daß er für den Stundenplan in einem ziemlich großen Zen-Zentrum zuständig war. Er lächelte und schlug sich an die Brust. «Für ewiges Wohlbefinden.» Dann stellte ihn das Schicksal auf die Probe. Der Abt von Joes mit peinlicher Sorgfalt geführtem Tempel wurde plötzlich versetzt. Sein Nachfolger, ein Wassermann, regiert von Uranus, dem wankelmütigen Planeten des Zufalls, war ein koreanischer Meister, der es liebte, seinen

Schülern den Boden unter den Füßen wegzuziehen, und er nannte seinen Verwalter «Roboter-san».

«Es kam mir in den Sinn», sagte der wiedergeborene Fernfahrer zu mir, «daß es genau das war, was ich sein wollte. Ein Roboter.» Er salutierte. «Inzwischen wußte ich genug, um auf eigene Verantwortung ein Roboter zu sein.» Er sah auf mein Hot dog. «Ich halte mich immer noch an die Gebote. Kein Fleisch. Meditierst du noch?»

«Nicht zu oft.»

«Ich meditiere in Motelzimmern.» Er hielt immer noch die Hand erhoben. «Allein. Yessir, ich habe mich von den unberechenbaren Einmischungen dieses wankelmütigen Ausländers befreit.» Er ließ die Hand fallen. «Jetzt geht's mir gut. Und wie geht's *dir*?»

«Das wüßte ich selbst gern», sagte ich.

Joe marschierte zur Kabine seines achtzehnrädrigen Gespanns. Die vertikalen Auspuffrohre spien Flammen, er winkte, der makellose Sattelschlepper rumpelte davon.

«Wie traurig», sagte meine Frau.

Aber ich war mir nicht so sicher. Tatsächlich war ich neidisch auf Mr. Arizona Supertruck. Der Bursche sah gut aus in seiner Jeans mit dazu passender Jacke und Hut. Muskulös. Breite Brust. Joe fand offenbar Zeit, zwischen maßgezapften Sodas in am Straßenrand gelegenen Fitness-Studios zu trainieren, während sein gehorsames Monster draußen wartete. «Bleib beim Gewohnten.»

«Bleib beim Zweifeln», sagte meine Frau. «Das mag ich bei einem Mann lieber.»

«Es gibt ein Koan hierzu», bemerkte ich zu meiner Frau.

«Erzähl's mir», sagte sie geduldig.

Es handelte von Manjusri, dem Bodhisattwa der Konzentration, der als Statue auf Altären in Zendos lebt und ein Schwert schwingt, um die Gedanken damit zu zerschneiden. Der Bodhisattwa erklärte *Mahaprajna* die Vollendung der Weisheit, indem er sagte: *«Wer sich in wahrer Askese übt, fliegt nicht ins Nirwana. Der Mönch, der die Gebote bricht, gleitet nicht in die Hölle.»*

Meine Frau war froh, daß ich nicht in die Hölle käme, aber es tat ihr leid, daß Joe das Nirwana verfehlte. Nach weiteren Hot dogs nahm sie das jedoch zurück. «Gibt es einen abwärts und einen aufwärts gerichteten Weg im Buddhismus?»

Ich glaubte es nicht.

«Dann seid ihr, du und Joe, also beide auf dem richtigen Weg, mit Zweifeln und Lastwagenfahren?»

Das glaubte ich.

«Aber bist du ein Buddhist?»

Nein, das war ich nicht. Ich hatte versucht, Buddhist zu werden, bevor ich 1960 Japan verließ, und Roshi hatte bestätigt, daß er zu diesem Zweck eine Zeremonie vollziehen könne, aber ob ich denn wirklich glaubte, daß es meine Chancen verbessern würde, wenn er seine Brokatrobe anlegte und die Mönche ihre Schlaginstrumente spielten und dazu sängen?

Ich fragte ihn, ob er Buddhist sei, und er sagte, er habe keine Ahnung. Er fuchtelte bestürzt mit den Händen und stampfte mit den Füßen. Er benutzte den knurrigen Tonfall des Straßenjargons, wie ihn Bösewichte in japanischen Action-Filmen verwenden, und sagte: «Wer, zum Teufel, war Buddha überhaupt?» Dann lachte er und schlug mir auf die Schulter. *«Yosh?»* («Okay?»)

4   Sechzig Zen-Meister können sich nicht irren

d er Priester Sekiso sagte: «Du befindest dich oben auf der Spitze einer dreißig Meter langen Stange, wie bewegst du dich jetzt vorwärts?»

Es ist immer schön, auf ein Beispiel zu stoßen. Ich brauchte eine Weile, um zu akzeptieren, daß der Mönch, der mich in makellosem Amerikanisch mit einem kultivierten Neuengland-Akzent ansprach, in der sechsten Generation Bürger der Vereinigten Staaten war, ein reinrassiger weißer angelsächsischer Protestant mit einem Diplom einer der Elite-Universitäten im Osten der USA. Harvard, teilte mir mein Überraschungsbesucher mit. Orientalistik. Er hätte mich täuschen können, ich war mir sicher, daß er Japaner war, als er in Getas, Robe, mit rasiertem Kopf, gestärktem, von der Brust baumelndem Zen-Lätzchen (ein quadratisches Stück Leinen) und schwarzer, von einer sonnengebräunten Hand umklammerten Aktentasche meine Einfahrt heraufgeklappert kam. Er wies all die japanischen Manierismen auf. Wenn man ihn etwas fragte, dessen er sich nicht sicher war oder zu dem er sich nicht äußern wollte, legte er den Kopf zur Seite und sagte: «Saaaa..» Wenn er irritiert war, machte er «tsk» auf orientalische Art, was mich an die Stare erinnerte, wenn ich vergessen hatte, das Futterhäuschen zu füllen: «Tsk, tsk, wieder jemand nachlässig gewesen.» Bobbie-san zischte zum Zeichen seiner Anerkennung wie die Mönche im *Sodo* in Kioto, wenn eine freundliche alte Dame einen Eimer heiße *Udon*, japanische Nudeln, mit Beilagen in Plastikbehältern vorbeibrachte: *«Sssss, oishiiiii* (lecker).» Er erkannte die tausendundeine verschiedenen japanischen Verbeugungen, reagierte auf sie und praktizierte sie perfekt. Er hatte grüne Augen. Ich hatte noch nie einen Japaner mit grünen Augen gesehen. Vielleicht eine weißhäutige Großmutter? Bobbie-san überzeugte mich schließlich, daß er vier weißhäutige Großmütter hatte, alle durch und durch amerikanisch, daß er ein ehemaliger High-School-Basketballstar war, viel von Hamburgers verstand, die subtilen Unterschiede zwischen Coca-Cola und Pepsi-Cola herausschmeckte, Sohn eines geschäftsführenden Direktors eines namhaften Unternehmens mit Hauptsitz in Boston war. «Willkommen», sagte ich. «Ich bin ein großer Freund der Amerikaner, sie haben Holland von den Nazis befreit, ich bin froh, daß sie mir erlauben, in ihrem weiten und wunderschönen Land zu leben.» Bobbie-san lächelte. Er sagte, er habe mir ein Paar Strohsandalen und Grüße von einem entfernten Verwandten mitgebracht, mit dem ich einmal zusammengearbeitet hätte.

Bobbie-san wohnte eine Weile in meinem Studio. Ich war in Hochstimmung. Hier war, was ich vor langer Zeit zu werden ersehnt hatte: ein voll ausgebildeter, voll erleuchteter, zweisprachiger, bikultureller westlicher Zen-Mönch. Mein Held. Maitreya selbst, der legendäre zukünftige Buddha, der laut Shakyamuni Buddha, dem früheren indischen Prinzen von vor zweieinhalb Jahrtausenden, angeblich als nächster in der Reihe versuchen wird, die hartnäckig unwissend bleibende menschliche Spezies zu retten. Maitreya Buddha, so steht es geschrieben, soll sein reines Wesen in den Körper eines weißen Mannes aus dem Westen inkarnieren. Eine der Maitreya-Statuen, die ich in Kioto sah, zeigte den künftigen Wissenden (das Verb *budh* bedeutet «wissen») als Wikinger, blond, blauäugig, mit ernstem Auftreten. Bobbie-san kam mir immer noch wie ein Japaner mit grünen Augen vor, doch das war nur ein weiterer Aspekt des Wunders auf meiner Türschwelle. Ich war so aufgeregt, daß ich stotterte, als ich meiner Frau das bemerkenswerte Wesen vorstellte. Der Weise Bobbie-san aus Boston und Nagasaki. «Sieh nur, was wir hier haben», rief ich meiner Frau zu.

Wir aßen Nudeln mit Muschelsoße an jenem Abend, schlürften auf echt japanische Art und rülpsten im Gleichklang, als das Mahl vorbei war, ein höchst ungewöhnliches Mahl, denn Bobbie-san hatte aus Algen, die er an meinem eigenen Ufer gesammelt hatte, einen Seetang-Salat gemacht. Hier wuchsen all diese köstlichen Wasserpflanzen gratis in der Nähe meines Anlegers, und ich hatte es nicht gewußt. Ich war davon überzeugt, daß ich gleich einen Quantensprung machen würde, sowohl geistig als auch körperlich. Ein mystischer Traum, der wahr wurde.

«Ich zeige dir eine Falle», sagte Monkey zu seinem Meister, dem legendären chinesischen Mönch, der sich in jener alten Zeit abmühte, seine Reise zu Buddhas Paradies zu vollenden, «und du wirst hineinspringen.» Weil Monkey ihm soviel Verdruß bereitete, machte der Mönch ihn mundtot, indem er sich seiner halberleuchteten Magie bediente. Er band dem Tier ein großes buntes Halstuch um den Kopf, das einen quälenden Kopfschmerz hervorrief, wenn der Mönch ein Mantra rezitierte. Auch ich hatte mich schon magischer Tricks bedient. Der kritische Teil

53

meines Geistes war bei mir nie populär. Schauen Sie, Bobbie-san hatte sein Koan-Studium beendet, soundso viele Jahre Sodo- und Zendo-Training hinter sich, alle Bewährungsproben überstanden, die sich der harte Nagasaki-Zendo ausgedacht hatte, um seine Ausdauer, seine Einsicht, seine Ichlosigkeit zu prüfen, warum hätte ich also an seinem erhabenen Status zweifeln sollen?

Es vergingen ein paar Tage, in denen wir Holz in meinem Garten hinter dem Haus fällten, das Brokkolifeld düngten, Muscheln am Flußufer in der kleinen Bucht, die mein Land überblickt, ernteten und die subtileren Punkte von Maitreyas Mission diskutierten. Dann, eines ruhigen Abends, als wir vor dem Kamin saßen, in dem eindrucksvoll drei Scheite «Sommerholz» (wie Maine-Bewohner die Erle nennen) brannten, sprang Bobbie-san plötzlich von seinem Kissen auf, rüttelte mich an den Schultern, sah mir in die Augen und flüsterte wild: «Es ist alles Quatsch, du Dummkopf!»

Huch? War Maitreya verrückt geworden? Oder war das Nagasaki-Zen, eine ungestüme Art, die Untauglichkeit der Schöpfung auszudrücken? «Quatsch in der Bedeutung von ‹Samsara›?» fragte ich. «Quatsch als Gegensatz zu ‹Nirwana›?»

Er ging zu Bett, nachdem er sich entschuldigt hatte. Zu viel Bourbon mit Eis. Er war die harten Sachen nicht gewöhnt.

Am nächsten Tag, als wir draußen in der Bucht ruderten, erzählte er mir von seinem Lehrer, einem berühmten Roshi, den er zu einem Zen-Meister-Treffen in Tokio begleitete. «Heutzutage», sagte Bobbie, «muß jeder Zen-Lehrer, der auf sich hält, seinen weißen Schüler haben. Amerikaner sind besonders beliebt. Es ist, glaube ich, als ob die Japaner endlich ein für allemal den Krieg gewinnen wollen. Militärisch haben sie verloren, und wirtschaftlich

54

übernehmen sie sich jetzt vielleicht, aber spirituell werden sie die Unwissenheit der restlichen Welt besiegen. Durch die Ausbildung weißer Schüler wird Zen, das meine geistigen Vorgesetzten inzwischen für Japan beanspruchen, schließlich sein reines Licht verbreiten – die Welt wird frohlocken und dankbar sein. Die japanische Überlegenheit wird respektvoll anerkannt werden. Das nächste Raumfahrtprogramm wird von Japanern durchgeführt. Japanisches Zen wird den Weltraum erfüllen. Das Universum wird sich verneigen, *Hai* sagen und Sushi servieren.»

«Halt.» Ich schlug vor, zu den grundlegenden Tatsachen zurückzukehren. Zen ist nichts typisch Japanisches. Buddha war Inder. Er hielt eine Rose hoch, als ein Mönch sich nach dem Sinn des Lebens erkundigte. Die Rose hochhaltend, verließ Buddha still den Schauplatz. Niemand verstand, was Buddha – «Der, der weiß» – meinte, außer einem fortgeschrittenen Schüler, Inder wie Buddha selbst. Bodhidharma wurde der erste Dhyana-Meister, Lehrer der schweigenden Schule, die schließlich die Form eines Systems annahm, das mit Zazen, Sanzen und Koans arbeitete. Er wurde Missionar in China. Als nächstes haben wir die ganzen chinesischen Ch'an-Meister (Dhyana bedeutet Meditation und wurde als Ch'an ins Chinesische übersetzt), angeführt von Tokusan mit der Schale, Joshu mit dem Hund, Gozo mit dem Stierschwanz, Sekiso mit der Dreißig-Meter-Stange. Hakuin, der Cartoons von sich zeichnete, während er hinter seinem großen faltenreichen Bauch saß, war ein japanischer Zen-Meister (Ch'an wurde im Japanischen Zen genannt), aber er kam erst viel später. «Außerdem», protestierte ich, «ist es dumm, Einsicht an eine Nationalität oder Rasse zu knüpfen. Reines Sein ist überall, sogar in mir, und ich bin Niederländer, um Gottes willen. Kannst du dir das vorstellen?»

Bobbie-san sagte, wahrscheinlich könne er sich einen

niederländischen Buddha nicht vorstellen, aber warum überhaupt so etwas versuchen? Sein Standpunkt war – und er entsprach dem zeitgenössischen japanischen Denken –, daß nur japanische Meister die Bedeutung der Nicht-Bedeutung, den Klang des Schweigens und den Ort, wo Abraham den Senftopf fand, kennen. Diese Meister seien jedoch bereit, andere teilhaben zu lassen. Sie gäben ihre Erleuchtung an Bobbies weiter. Es sei eine buddhistische New-Age-Erscheinung, dieses Insistieren auf einem weißen Schüler. Eine vorübergehende Laune, behauptete Bobbie. Er, Bobbie, sei zum vollkommensten weißen Schüler, den es jemals gegeben habe, erklärt worden, was seinem Lehrer viel Ansehen verlieh. Bobbie, Harvard-Absolvent, der einen IQ weit über Hundert besaß, hatte so gut Japanisch gelernt, daß die Leute in Nagasaki ihn für einen der ihren hielten und ihre Schutzgeister anriefen, wenn sie erfuhren, daß er ein grünäugiger Dämon sei. «Weißt du, wie viele *Kanji*, japanische Schriftzeichen, ich kenne?» fragte mich Bobbie-san. «Nein? Alle. Weißt du wie viele *Sutras*, buddhistische Schriften, ich in dem förmlichen klassischen Chinesisch singen kann? Ebenfalls alle. Weißt du, wieviel Geld buddhistische Laien bezahlen, damit ich an ihren Hausaltären die Rituale vollziehe? Bis zu tausend Dollar.»

Er erinnerte mich an den Mann auf der Spitze der Stange, ein weiteres Koan, über das Sensei mich den Kopf zerbrechen ließ. Die Spitze der Stange, aber ich war nicht dorthin gelangt. Bobbie-san war es offensichtlich gelungen. Sein Lehrer sagte immer zu ihm: «Du bist da, du hast es geschafft, aber du bist zu jung, du mußt mein privater Begleiter sein, dich in meiner Gesellschaft aufhalten, die Praxis lernen, jetzt, da du die Theorie beherrschst, bald werde ich deine Karriere in die Hand nehmen.» Die Spitze der Stange? Irgendein berühmter Kommentar sagt: «Tue den nächsten Schritt.» Darauf kam ich schließlich auch. Wer will schon auf einer dreißig Meter hohen Stange sitzen, deren Spitze sich einem in den Hintern bohrt. Immer in Bewegung bleiben. Die ganze Erleuchtung, mit der man herumbalancieren soll, weg damit. Weitergehen, dann fallen oder fliegen. «Bist du gefallen oder geflogen?» fragte ich meinen Gast, der sich auf seine Ruder stützte. Wir trieben auf eine Felsbank zu, wo Seehunde ängstlich umherrobbten und auf die erleuchtete Antwort warteten.

Bobbie-san hörte mich nicht. «Wir fuhren zu dem Zen-Kongreß. Da gab es ein großes Durcheinander, weil Züge und Flugzeuge infolge heftiger Regenfälle und Unwetter Verspätung hatten. Wir, die Gehilfen, trugen Gepäck und stellten vor den anderen unseren Gleichmut zur Schau. Wir hatten uns also verspätet, na und? Die Lehrer versuchten ebenfalls, ruhig zu bleiben, brannten jedoch darauf, ein Bad zu nehmen, ihre Brokatgewänder, ihre gestärkten weißen Socken und ihre kalligraphierten Erleuchtungslätzchen anzuziehen, die in den Koffern vielleicht alle zerknittert worden waren. Die Roshis waren hungrig, gereizt, müde. Das Klosterleben ist geordnet. Der Meister ist König, er schnippt mit den Fingern, und seine Lieblings-Tofusuppe erscheint, mit Reis auf der einen Seite und gemischtem, eingelegtem Gemüse auf der anderen. Hier mußten sie mit moderner Nahrung zurechtkommen, mit Chips, Nüssen, in westlichem Stil zubereiteten Snacks, die zusammen mit Gratis-Sodas serviert wurden, während sie auf das Einchecken warteten. Das Hotel war desorganisiert, die Angestellten waren außer sich, versuchten zu erraten, welcher Meister heiliger war. Heilige Männer zu bedienen schafft gutes Karma. Wohin sollten die Bediensteten eilen, um ihre Gefälligkeiten gegen gutes Karma zu tauschen? Einige der Meister waren berühmt, sie traten regelmäßig im Fernsehen auf, aber hier im Hotel sah ein kahler alter

Mönch wie der andere aus. ‹Wo ist Suzuki Roshi aus Kobe?› fragten Tafelmeister und Zimmermädchen uns, die Gehilfen, taktvoll flüsternd. ‹Wo ist Yamada Roshi aus Yokohama?› Manche versuchten, uns Trinkgelder zu geben. Manche von uns nahmen die Trinkgelder an.»

«Jesus.» Ich lachte.

«Jesus auf den Stufen des Tempels», sagte Bobbie-san, «als er die Geduld mit den Händlern verliert. So kam ich mir vor.»

«Du hattest immerhin Geld, tausend Dollar pro Sutra-Singen.»

«Richtig.» Er nickte. «Die Hotelleute bezahlten zehn Dollar oder so.»

Hinter ihm glitten Seehunde von ihren Klippen, bald umrundeten sie unser Dory, sahen uns mit großen, lebhaften Augen an. Was passierte *dann*?

Was passierte, war, daß die Roshis, erschreckt von dem gegenwärtigen Chaos, sich alle gleichzeitig nach der Sicherheit ihrer Heimattempel sehnten. Sie wollten Kontakt mit ihrem heimatlichen Stützpunkt aufnehmen, um sich zu vergewissern, daß er noch da war. Mit flatternden Ärmeln und rutschenden Sandalen stürzten die Roshis in die Hotellobby. Die Telefone funktionierten nicht richtig, vielleicht wegen der schweren Unwetter und all der Blitze oder wegen einer nervösen Telefonistin. Die Störung bewirkte, daß alle Roshis mit den falschen Heimattempeln verbunden wurden. Sie sprachen mit Mönchen, deren Namen und Stimmen sie nie gehört hatten. «*Moshi moshi* (hallo hallo)», riefen die aufgebrachten Lehrer Teilnehmern zu, die nicht verstanden und entmutigt auflegten. Die Roshis wählten erneut und wurden mit anderen falschen Mönchen verbunden. «*MOSHI MOSHI.*»

«Das ist ulkig», sagte ich.

Bobbie-san fand das nicht. Die schwere Prüfung, sechzig außer Kontrolle geratene Heilige sehen zu müssen, hatte seinen Geist zerrüttet. Er bekam einen Nervenzusammenbruch, und der Hotelarzt verabreichte ihm ein Opiumpräparat, um das Zittern seines Körpers zu stoppen. «Ich war für die Dauer des Kongresses außer Gefecht. Ruhiggestellt in Roshis Zimmer.»

«Du bist von einer dreißig Meter hohen Stange geschubst worden», sagte ich.

«Von wem?»

«Von dir selbst?»

Bobbie-san hielt das für sehr wahrscheinlich. Er zitierte C. G. Jung. Verrücktsein hilft uns, unser wahres Wesen zu finden. Es hält uns davon ab, dem falschen Weg zu folgen. Während wir zurückruderten, untersuchten wir die Möglichkeit, daß wir uns selbst der Katastrophe aussetzen, damit wir eine schlechte Routine durchbrechen können. «Ich bin gut», sagte Bobbie-san. «Ich bin hervorragend bei meinen Studien. Gutes Gehirn. Ein zielstrebiger Geist. Daß ich in Japan Zen lernen konnte, nachdem ich hier in Amerika japanische und chinesische Kultur studiert hatte, gab mir die Chance, einem soliden Universitätsabschluß anerkannte Mystik hinzuzufügen. Aber wollte ich das wirklich?»

«Was willst du denn?»

Wir betrachteten beide den Sonnenuntergang zwischen den Cleavage Mountains auf Mount Desert Island. Ein äußerst geheimnisvolles Licht berührte den riesigen Steinspalt. «Denkst du, ich will das, was allein zählt?» fragte Bobbie-san. «Wahre Einsicht? Natürlich will ich das.»

Sein Lehrer war fest davon überzeugt, daß Bobbie-san das Wahre gefunden hatte. Neunundfünfzig weitere Zen-Lehrer bestätigten das Urteil. Sechzig Zen-Meister müssen recht haben. Sie alle waren den Weg selbst gegangen. Nach dem Ende des Koan-Studiums ist der Schüler fertig und braucht nur noch von einem Meister bestätigt zu werden. Eine reine Formalität, die Bobbie-sans Lehrer zu gegebener Zeit vollziehen würde. Was sollte der plötzliche Zweifel? Bobbie-san hatte diesen kleinen Zusammenbruch in dem Hotel in Tokio, passiert den besten Heiligen. Hör auf deine Vorgesetzten. Bleib der Tradition treu. Trag dein Zen-Lätzchen und rasier dir den Schädel. Sing die Sutras.

«Für tausend Dollar pro Einsatz», sagte ich.

Lukrativer Beruf. Bobbie-san erzählte, daß einer von den sechzig Lehrern einen weißen Rolls-Royce benutzte, um bei Hochzeiten und Einäscherungen sein Publikum zu beeindrucken. Das Auto war von einem Auftraggeber, der Uniformen an die japanische kaiserliche Armee verkaufte, gestiftet worden. Der Roshi fuhr es auch zum Weidenviertel seiner Stadt, wo Kurtisanen und Restaurantbesitzer sich verneigten, wenn sie ihn durch ihre Gassen gleiten sahen.

Ich sagte, daß mir das Weidenviertel in Kioto wirklich gut gefallen habe.

«Aber später hast du das alles aufgegeben», meinte Bobbie-san. «Die Sauferei erfüllte deine Bedürfnisse nicht mehr, also nahmst du dir eine Frau, damit sie dich anschreit, und du hast es aufgegeben, stimmt's? Mit der Heirat hast du eine Krise erzeugt, die eine wesentliche Richtungsänderung bewirkte. Meine Krise habe ich in Tokio ausgelöst. Sechzig Clowns bewiesen, daß ich von meiner Stange springen mußte.»

«Und was tust du jetzt?» fragte ich meinen Gast.

Bobbie-san war gebeten worden, den Tempel zu verlassen, weil er sich geweigert hatte, als Lehrer bestätigt und mit dem Segen seines Meisters in die Welt hinausgeschickt zu werden. Er reiste jetzt. Ließ sich alles durch den Kopf gehen. Spielte verschiedene Möglichkeiten durch. Er dachte daran, ein bißchen zu übersetzen, wenn er nach Japan zurückkehrte. Vielleicht würde er auch einen Gemüsegarten anlegen. Er war gebeten worden, einen kleinen Tempel außerhalb von Nagasaki zu betreuen. Es gibt viele leere kleine Tempel in Japan. Da sie potentielle Touristenattraktionen sind und womöglich bei streßbedingten Krankheiten eine therapeutische Funktion erfüllen, finanzieren Stadtverwaltungen gern qualifizierte Priester, damit Gebäude repariert und Gärten wiederhergestellt werden. «Ich werde jeden Morgen das Herz-Sutra singen», sagte Bobby. «Es wird mir helfen, mich auf nichts zu verlassen.»

Ich nahm Bobbie-san zu Ben-sans Pagode mit. Ben-san hatte sich einen Hund besorgt, einen Welpen mit großen Ohren, auf die er ständig trat. Mein gewöhnlich launenhafter Freund war wie verwandelt, er lächelte, war eifrig bemüht zu gefallen, bot immer wieder selbstgebackene Kekse mit Orangenmarmelade an. «Dieser Hund hat wirklich etwas vom Buddha-Wesen», erklärte Ben Bobbie. «Die erste verständnisvolle Gesellschaft in meinem Leben. Wir haben viel Spaß miteinander. Wenn seine Beine länger sind und seine Ohren nicht mehr am Boden schleifen, werden wir zusammen wandern gehen.»

Auf dem zehn Meilen langen Weg zurück zur Stadt Sorry sagte Bobbie-san, er wolle sich vielleicht das Haar wachsen lassen und für eine Weile Jeans und Jacke tragen. Zen-Priester können das tun, wenn sie das Gefühl haben, eine andere Erfahrung zu brauchen, um «ihre Einsichten im Alltagsleben zu erproben». Zen-Priester sind auch nicht zum Zölibat verpflichtet. Bobbie hatte vor, in seinem Urlaubsjahr einen Toyota Landcruiser zu mieten, durch Japan zu reisen, in Gasthäusern abzusteigen, sich umzusehen, ein paar Frauen kennenzulernen.

Ich fühlte mich plötzlich müde und mußte mich für eine Weile auf einen Baumstamm setzen.

Bobbie lief vor mir auf und ab. «Ja. Ich habe gehört, Sex sei ungezwungen in Japan. Nicht anrüchig, oder?»

«Nicht, als ich da war», erwiderte ich. «Die Mädchen warfen Steine, an denen mit roten Bändern Einladungen befestigt waren, in den Hof des Sodo. Die Mönche kletterten nachts über die Mauern. Einmal bekam ich einen Stein auf den Kopf. Zum Glück hatte ich dichtes Haar, habe es nie abrasiert. Ich war immer ein Laienschüler.»

Bobbie-san lief immer noch hin und her. «Das gleiche in Nagasaki, die Mädchen luden mich ein, aber ich war zu beschäftigt. Mußte meine Sprachkenntnisse vervollkommnen. Dann waren da immer das Koan-Studium, Meditationen, die Gänge, bei denen ich den Abt begleiten sollte, die täglich zu erledigenden Arbeiten.» Er nickte ein paarmal, sehr rasch, wobei sich seine Halsmuskeln anspannten. «Nun, ich habe die Absicht, es herauszufinden.»

«Du mußt über vierzig sein. Du hast nie …?»

«Noch nicht», antwortete Bobbie-san nervös. «Aber ich werde mir diesen Landcruiser mieten. Hier und da in komfortablen Gasthäusern wohnen. Ich habe Ersparnisse. Vielleicht lerne ich jemanden kennen. Ich kann es eine Weile versuchen. Nichts Ernstes, natürlich.»

«Es gibt ziemlich viele Wörter für ‹bezahlte weibliche Begleitung› im Japanischen», sagte ich und erhob mich vom Baumstamm. «Du mußt der Terminologie in deinen Studien begegnet sein.»

«Fünfundsechzig verschiedene Bezeichnungen für Prostituierte», sagte Bobbie-san. «Müßte interessant sein, die verschiedenen Ebenen zu erkunden. Wie gesagt, ich habe ein paar Ersparnisse. Und Zeit. Ich beabsichtige, diesen Landcruiser zu mieten. Ich werde meinen Führerschein machen. Das sollte nützlich sein. Werde mich von Manjusri, der Gottheit der Disziplin, trennen und Kwannon, die Göttin des Mitgefühls, umarmen. Den nächsten Schritt tun. Von meiner Dreißig-Meter-Stange herabsteigen. Was meinst du?»

5   Joshu und die alte Frau

ein Koan, das mir besonderen Verdruß bereitete, zumal es von Sen-
sei kam, der sich nie für Frauen interessierte, war das
Rätsel der «alten Frau». Meine Frustration half mir
schließlich, das Koan, in dem Joshu eine Rolle spielt, zu lösen. Joshu ist derselbe Priester, der im Mu-Koan zu einem
Mönch sagt, daß ein kleiner Hund, der zu ihren Füßen
herumtollt, nicht *(mu)* die Buddha-Natur *(bussho)* habe.
Bei einer anderen Gelegenheit soll er zu einem Mönch gesagt haben, ja *(u)*, gewiß, natürlich habe der Hund die
Buddha-Natur. Damals in Japan erhielt ich, nach einer
dreimonatigen Probezeit, das Mu-Koan von Roshi, der
mich den Wortlaut des Rätsels in chinesischen Schriftzeichen aufschreiben ließ und darauf bestand, daß ich das
Koan in dem strengen klassischen, nicht mehr gesproche-
nen Chinesisch, das japanische Zen-Mönche für ihre heiligen Texte benutzen, rezitieren sollte. Ich rezitiere das
Koan auch heute noch manchmal, wenn mich das Leben
besonders verwirrt, und der kleine Singsang ist immer

tröstlich. Joshu (sein Name) osho (sein Rang: Priester) chinami ni (jemand kommt zu ihm) so (Mönch) to (fragt) kushi (Hund) ni (nach, nach dem Hund) kaette (vielleicht) Bussho (Buddha-Wesen) ari ya (hat?) mata (oder) inai ya (hat nicht?). Joshu (Name des Priesters) iwaku (antwortet) Mu (nicht, nein, Nichts, die Leere, völlige Abwesenheit). Und als er noch einmal gefragt wird, antwortet Joshu U (ja, alles, völlig). Was vollkommen Sinn macht, denn *Samsara* (die Illusion) ist *Nirwana* (glückselige Auslöschung). Ich schreibe dies nicht, und Sie lesen dies nicht. Nichts ist geschehen. Nichts ist von Bedeutung. Es gibt kein Morgen, gestern hat sich nicht ereignet. Wer diese grundlegende Wahrheit versteht, kann am Straßenrand sitzen und lachen – wie der chinesische «lachende Buddha», der als fette glückliche Gestalt oft in Restaurants zu sehen ist –, während direkt vor seinen Augen ein Krieg tobt, Kinder verhungern und Hunde verprügelt werden. Manchmal denke ich, ich begreife es, doch selbst wenn ich der Illusion erläge, meine Buddha-Natur zu erkennen, ausgelöst durch den Hinweis des Koans, würde ich versuchen, die Hunde zu befreien und sie, und natürlich auch die hungrigen Kinder, in einem gestohlenen Kampfflugzeug nach Hawaii zu fliegen. Oder nicht, höchstwahrscheinlich. Verwirrt von der komplizierten Instrumententafel im Flugzeug, würde ich wahrscheinlich von der Anti-Glücks-Polizei erwischt und bei Tagesanbruch erschossen, nachdem ich das Koan rezitiert hätte. *«Joshu osho chinami ni so to kushi ni kaette Bussho ari ya mata inai ya? Joshu iwaku mu.»* – «Was sagen Sie da», würde der befehlshabende Offizier des Erschießungskommandos brüllen. «Es bedeutet *Leck mich am Arsch*, Sir, im klassischen, von japanischen Zen-Mönchen benutzten Chinesisch, etwas, das ich auf meinen Reisen aufgeschnappt habe.» – «Oh, na gut», würde der Offizier brüllen und seinen Kommandostab heben. «Männer? Seid ihr bereit? Und-eins, und-zwei ...»

Der Priester Joshu, eine historische Figur, dessen chinesischer Name Chaochou war, lebte von 778 bis 897 und war fast hundertzwanzig Jahre alt, als er schließlich aufhörte, die Unerleuchteten anzuspornen. Die Fakten, die ich hier erwähne, stammen von dem britischen Buddhismusforscher Dr. Reginald Horace Blyth (1898–1968), einem umstrittenen Zen-Adepten, der in Japan lebte, während des Krieges dort interniert war und später Erzieher des japanischen Kronprinzen wurde. Ein amerikanischer Zen-Priester, den ich in Japan kennenlernte, wo er einen schönen kleinen, aus seinen eigenen Mitteln wiederhergestellten Nebentempel des Daitoku-ji leitete, erzählte mir, daß «Blyth zuviel redete, der Mann hätte bei der Geburt erdrosselt werden sollen», aber das war zweifellos nur Zen-Gerede in der Absicht, mir durch einen Schock zu Gewahrsein zu verhelfen. Blyth stand dem berühmten japanischen Zen-Gelehrten Dr. D. T. Suzuki nahe, der auch ausführlich über Zen schrieb und der erste «Zen-Mann» war, der dies in Englisch tat.

In Dr. Blyths Band vier von ZEN AND ZEN CLASSICS (Hokuseido Press, 1. Aufl. 1966) erfahren wir, daß Joshu ein Schüler von Nansen war, der wiederum von dem ersten Zen-Meister in China, dem Inder Daruma, auch als Bodhidharma bekannt, nur zehn Generationen entfernt war. Wir befinden uns hier ganz dicht am Anfang. Zen-Patriarch Nansen starb 835, als Joshu siebenundfünfzig Jahre alt war. Danach suchte Joshu alle berühmten Zen-Lehrer in China auf, die Reise dauerte zwanzig Jahre. Als er, achtzigjährig, schließlich genug wußte, wurde er Abt eines Tempels, der dem Bodhisattwa des Erbarmens geweiht war, einer weiblichen Gottheit, die Kwan-Yin (japanisch Kwannon) hieß. Von diesem Tempel, Kwannon-in, aus lehrte er. Der Hund und der fragende Mönch tauchen auf. Joshu wurde berühmt für seinen Ausspruch: *Wenn ein aufrichtiger Mensch eine falsche Lehre lehrt, wird die falsche Lehre wahr; wenn ein unaufrichtiger Mensch eine wahre Lehre vorträgt, wird sie falsch.*

Stimmt ja, aber was mich hier interessiert, ist Joshus Haltung gegenüber der alten Frau, das Koan, mit dem ich mich so lange abmühte. Der Hintergrund für das Rätsel ist, daß eine Frau – die wahrscheinlich überhaupt nicht alt war, aber alt gemacht wurde, weil sie einige Mönche beleidigte, die jene dann als «alte Frau» bezeichneten (der altmodische Buddhismus ist chauvinistisch) – einen Teeladen an der Straße zu einem berühmten chinesischen Berg betrieb. Der Berg ist natürlich immer noch da und wird Sumeru oder Taizan, «großer Berg», genannt, und selbst heute noch gibt es dort Mönchsklöster und Lamaklöster. Der Berg Sumeru steht symbolisch für Erleuchtung, die höchste Lehre; er ist so groß und mächtig wie das Dharma, die buddhistische Lehre, selbst. Hier ist das Koan.

«Ein reisender Mönch fragt die alte Frau: ‹Welcher Weg führt zum Berg Sumeru?› Sie antwortet: ‹Immer geradeaus.› Er geht immer geradeaus, und sie lächelt höhnisch hinter seinem Rücken und sagt: ‹Dieser gute Mönch geht denselben Weg.› Der Mönch fühlt sich beleidigt und beklagt sich bei seinem Lehrer Joshu. Joshu sagt, er werde die alte Frau mal unter die Lupe nehmen. Er besucht den Teeladen, fragt nach dem Weg zum Sumeru, erhält die Antwort ‹Immer geradeaus›, die Geschichte wiederholt sich. Joshu kehrt zum Tempel zurück und erzählt seinen Mönchen: ‹Die alte Frau ist von mir durchdrungen worden.›»

Durchdrungen! Selbst Sensei leugnete die sexuelle Implikation nicht. Bestimmt hat der buddhistische Priester nicht irgendeine tödliche Waffe in eine unverschämte Teeladenbesitzerin gestoßen. Ich drehte und wendete die Geschichte während mehrerer Sitzungsperioden. Oft läutete Sensei schon die Glocke, wenn ich den Sanzen-Raum betrat, ich hatte nicht einmal Zeit gehabt, mich vor seinem Thron niederzuwerfen. «Hinaus mit dir, Dummkopf.» Hinaus ging ich und trug einen neunzig Jahre alten Mann mit mir herum, der Sex mit einer runzligen alten Tee-Lady hat, und wozu? Warum fragten Joshu und die Mönche vor ihm überhaupt nach dem Weg zu einem der höchsten Berge Chinas? Waren diese bestens geschulten Leute blind? Gut, daß die Tee-Lady sich über sie lustig machte. «Immer geradeaus, meine Herren, ihr könnt ihn nicht verfehlen, er ist dort drüben und bohrt seine Spitze in die Wolken. Seht ihr ihn?» Die Mönche marschieren weiter, *eins zwei, eins zwei.* Die Frau lacht hinter ihren Rücken. «Dieser gute Mönch geht denselben Weg.» Dann kehren die engstirnigen Mönche zu ihrem Heimattempel zurück, um sich bei Big Daddy zu beschweren, und Joshu selbst nimmt seinen knorrigen Stock und trinkt eine Tasse Tee mit der Dame, nachdem sie ihm gesagt hat: «Er ist direkt vor Ihrer Nase, mein Lieber.» Und sie amüsieren sich so gut zusammen, daß er die Nacht mit ihr verbringt. Joshu stand es durch und erzählte seinen Schülern davon. «Die alte Frau ist von mir durchdrungen worden.»

War Ginseng im Tee? Rhinozeroshornpulver?

Dies ist eine verrückte Geschichte, und ich löste sie, indem ich Sensei ins Gesicht brüllte: «Dummer alter Mönch, dumme alte Frau.» Ich machte Sensei eine lange Nase, um ganz sicherzugehen. Er sagte: «Okay, okay, machen wir mit dem nächsten weiter. Es ist okay. Beruhige dich jetzt. Du zeigst keine Einsicht, weißt du, du bist einfach nur wütend.» Das war ich, und es war die richtige Antwort.

Sicher wissen wir inzwischen, was los ist. Wie viele Male haben wir uns reinkarniert und haben es immer noch nicht begriffen? «Wo ist der Berg der Erleuchtung?»

«Immer geradeaus, mein Lieber.» Bleiben wir in Bewegung? Leben wir unser Leben? Machen wir den besten Gebrauch von den jeweiligen Umständen, die sich zufällig ergeben? Nein, wir sitzen da, regen uns auf, sehen uns verzweifelt nach einer Bestätigung dafür um, daß, vom Geradeausgehen abgesehen, unsere Ich-Existenz einen beträchtlichen Wert hat. Welcher Wert könnte das sein außer dem Nichts? Was immer unsere Persönlichkeiten zu erreichen glauben, wird zu nichts werden. Selbst die Erde, auf der wir stehen, wird verschwinden. Eines Tages (aber was für ein Tag ist ein Tag, an dem die Sonne nicht mehr aufgeht?), in einem Augenblick (aber was für ein Augenblick, wenn wir nichts mehr haben, für das die Zeit mißt?) wird es keinen Planeten mehr geben, den wir unser eigen nennen können. Es hat schon Tage gegeben, da es keine Erde gab, weil sie noch nicht geboren war. Wenn sie stirbt, und das wird sie, wird nur noch leerer Raum sein, wo sie, und wir mit ihr, gewesen ist. Man stelle sich zwei künftige Persönlichkeiten vor, die in ihrem Raumschiff das All durchqueren, wo sich einst die Erde auf ihrem Weg um eine Sonne befand, die inzwischen ebenfalls verschwunden ist, denn auch Sterne halten nicht ewig. Würde das eine Wesen zum anderen sagen, während es die Anzeigen auf der Instrumententafel kontrolliert: «Hey, Sputmack, Kumpel, die Erde war früher hier, *wußtest* du das?» Nun, was für eine Frage? Natürlich wüßte Sputmack nicht, daß die Leere, die am Fenster des Fahrzeugs mit einer Geschwindigkeit von beinahe 17 Mach vorbeizieht, einst einen Blick auf einen Planeten bot, den irgendeine vergessene Rasse ausgelöschter Kreaturen «Erde» nannte. Es gibt unzählige verschwundener Planeten, wird von dem armen Sputmack erwartet, daß er sich an sie alle erinnert? Oder an einige? Aber wenn er sich erinnern wollte, weil er vielleicht Geschichtsstudent ist, was sollte ihn veranlassen, sich ausgerechnet an die Erde zu erinnern, die mit ihrer leidvollen Vergangenheit egoistischen Elends einer von Blödmännern bedienten Technologie zum Opfer fiel? Nein, unsere beiden Piloten in ihrem Raumschiff würden in seliger Unwissenheit dahinjagen, ohne sich des Entsetzensschreis, der vor einer Ewigkeit verhallte, bewußt zu sein.

Wie kann es uns gelingen, die Bedeutungslosigkeit unserer leeren Egos zu akzeptieren? Indem wir immer geradeaus gehen, ohne uns um Tee-Ladies zu kümmern.

Als ich in Japan war und diese Art von Problem zu durchdringen versuchte, hatte ich einen hilfreichen Traum. Die Mönche, die damals im Sodo des Daitoku-ji Zen praktizierten, waren überwiegend Bauernsöhne, dem Tempel anvertraut, weil ihre Eltern froh waren, hungrige Mäuler loszuwerden, oder Söhne von Dorfpriestern, die die Tempel ihrer Väter übernehmen sollten. In weltlichen Dingen kannten sie sich nicht besonders gut aus. Man schrieb das Jahr 1958, Japan war noch arm, mit dem Wiederaufbau der durch den Zweiten Weltkrieg zerstörten Infrastruktur beschäftigt. Die jüngste Vergangenheit war demütigend, und Jungen, die davon träumten, schwertschwingende Samurai zu sein, während sie mystischen Meistern dienten, und Affären mit erstklassigen Kurtisanen zu haben, wollten sich nicht mit Landkarten beschäftigen, auf denen Länder zu sehen waren, deren teuflische ausländische Brut für eine Weile den Glanz Japans zerstört hatte. Sie waren bereit zu akzeptieren, daß es Amerika und Europa gab, aber niemand hatte je von Holland gehört. Niederländisch-Indien? Wo war das? Eine holländische Flotte hatte die Japaner bekämpft? Holländisch? Was ist holländisch? Holländische Soldaten in japanischen Lagern? Holländische Zivilisten in japanischen Lagern? Sie waren dort gestorben? Im Ernst? Ich dachte daran, meinen spirituellen Kollegen im Sodo von der Insel Deshima zu erzählen, wo im frühen neunzehnten Jahrhundert holländische Kaufleute und Gelehrte, ganz in der Nähe der japanischen Küste lebend, Handel getrieben und unterrichtet hatten. Ich wollte sie an die vielen japanischen Wörter holländischen Ursprungs erinnern. Aber warum war mir das wichtig? Nun, weil dies meine eigene Identität berührte. Wenn Holland ihnen nichts bedeutete, dann bedeutete ich ihnen nichts, dann war ich nichts als ein Bär, der in ihrem Sodo Kunststücke machte, um sie zu amüsieren. Wen interessiert es, in welchem Wald dieser Bär gefangen worden war? Seht nur, wie er unter Schmerzen tanzt. Kann seine Beine im Zendo nicht kreuzen. Hat vier Gliedmaßen und einen Kopf, ist aber gewiß kein Mensch. Schaut euch seine langen Zehen an. Sie ragen über seine Getas hinaus. Kann keine Getas in der Größe seiner Monsterfüße kriegen. Seht, wie er den Mund verzieht, wenn er eine gesalzene Pflaume ißt. Höchst amüsant.

Dann hatte ich den Traum. Ich nahm an einer Versammlung von Wesen teil. Das Wesen in meiner Nähe wollte höflich sein. Es fragte, woher ich käme. Ich antwortete, ich komme von der Erde. «Wie interessant», sagte das Wesen, doch es hatte eindeutig keine Ahnung, wo «Erde» sein könnte. Also erklärte ich es. «Milchstraßengalaxie?» Das Wesen hatte noch immer keine Ahnung. «Universum?» Nö. Nichts. Ich hatte keine Identität, ich war von nirgendwo. Im Traum fühlte ich mich erleichtert. Nichts mit mir herumzutragen, nichts, worum ich mich sorgen mußte. Ich wollte eigentlich nicht zurück in meinen Körper, eingewickelt in einen Futon, an dem wieder die Mäuse gewesen waren und Löcher genagt hatten, um nach der flauschigen Baumwolle zu graben, die sie für ihre Nester benutzten.

Damals konnte ich nicht genug Japanisch, um Roshi zu

erzählen, was ich geträumt hatte, aber vielleicht wußte er es, denn als ich um halb vier am nächsten Morgen zu ihm kam, tätschelte er mir die Schulter mit seinem Stock und sagte «gut». Ich erzählte es Han-san, dem einzigen Englisch sprechenden Mönch im Sodo, doch der dachte, die Bedeutung des Traums sei selbstverständlich, trete offene Türen ein. Er zeigte mir, was er meinte, indem er die papierbespannte Tür meines Zimmers zur Seite schob und ein Loch in die Luft zu treten versuchte. «Nichts zu machen», sagte er augenzwinkernd.

Han-san erzählte mir auch von Joshu, da er wußte, daß ich an dem Priester und dem Hund arbeitete. «Joshu hat auch noch andere Dinge getan, weißt du.» – «Welche zum Beispiel?» – «Er spielte zum Beispiel *pom-pom* mit alten Frauen.» Pom-pom nannten die Mönche die Sandwiches im westlichen Stil, die ich mir manchmal in meinem Zimmer machte. Wie die Brotscheiben geschnitten, mit Butter bestrichen und zusammengeklappt wurden, erinnerte sie an das Ziel ihrer nächtlichen Ausflüge, wenn sie, mit Anzügen und Hüten bekleidet, ausgerüstet mit Geld aus Mamas Post oder mit den paar Pfennigen, die ihnen hin und wieder der Klostervorsteher aushändigte, über die Tempelmauern kletterten. Pom-pom. Hey hey!

«Das hat Joshu Osho gemacht?» fragte ich Han-san. Han-san war ein Mönch, der einen ziemlich hohen Rang bekleidete. Noch nie hatte ich erlebt, daß er blasphemisch redete. Joshu? Der älteste Mann im Zen? Der, von dem das Öffnungskoan, das große Tor, stammte? Der Patriarch der Patriarchen? Was erzählte Han-san da?

«Klar doch», sagte Han-san, mich abklopfend, um zu sehen, ob ich Zigaretten bei mir hätte, damit er eine schnorren könnte, «pom-pom, mit irgendeiner alten Berg-Lady, der alte Knabe war verrückt danach.»

6   Dann trag ihn mit dir herum

d ann trag deinen Trübsinn mit dir herum», sagt der Meister, und wieder schleicht sich der Schüler davon, zurück in eine düstere Welt. Das geschah häufig in Senseis Einsiedelei. Ich erinnere mich an eine attraktive Frau, die in nur wenigen Monaten häßlich wurde: vornübergebeugt, immer mit einem schmutzigen Regenmantel bekleidet, Selbstgespräche führend. Wenn sie nicht Senseis Küche saubermachte, tötete und tranchierte sie Hähnchen. Außerdem meditierte sie frühmorgens und spätabends. Sie wurde fuchtig, wenn sie in ihrem halbstündigen Mittagsschläfchen nach dem Essen gestört wurde. «Dies ist die einzige Zeit, in der ich mich ausruhen kann, mach deinen gottverdammten Plattenspieler aus, jetzt sofort!» – «Aber ich benutze doch Kopfhörer.» – «Das ist egal, ich kann es quäken hören.» Die Schüler spionierten einander aus. «Sensei, der In-sein-Wesen-Schauende (fortgeschrittene Schüler bekamen heilige Namen) hat seit Wochen kein Zazen mehr allein gemacht. Er behauptet, er sitze im vollen Lotos auf dem Mondfelsen im Moosgarten, dabei schleicht er sich heimlich in den Heuschober und hält Nickerchen.» Andere Schüler waren einfach deprimiert. Was man auch zu ihnen sagte, sie antworteten immer mit einem langsam gemurmelten «Hai!» Das ist Japanisch für «ja», aber linguistisch gesehen bedeutet es nur «Ich bin hier». «Hai hai», sagt die Kellnerin, aber es bedeutet nicht, daß man mehr Suppe bekommt, es bedeutet, daß man bekommt, was auf der Karte steht, doch sie wird nicht mit dir argumentieren. «Hai hai, mein Herr, was immer Sie sagen. Ich bin hier. Mache meine Arbeit. Bis Dienstschluß. Nicht eine Sekunde länger.»

Es muß eine Zeit gegeben haben, da Zen-Schulung Spaß machte. Als ich in Japan war, hörte ich öfter von zwei chinesischen Weinsäufern, die händehaltend über die Hänge des Sumeru, des zuvor erwähnten Einsicht-Berges, liefen, Gedichte auf Birkenrinde schrieben und Vorübergehenden die Zunge herausstreckten. Jeder liebte sie und ließ ausgesuchte Speisen auf Waldlichtungen zurück, damit die selbstverwirklichten Hüpfer sie sich bei Gelegenheit holen konnten. Es gibt noch andere erhebende mystische Bilder. Der Zen-Poet, dem ein Diener mit dessen Alkoholvorrat für einen Tag und einem Spaten folgt; der Spaten dient dem Zweck, ein Grab zu graben, falls der Meister sein nächstes Abenteuer nicht überlebt. Jeder, der sich dem fröhlichen Weisen nähert, erhält auf der Stelle ein durch und durch erleuchtetes Gedicht. Der Mann war ein lebender Nationalschatz, und die dritte Konkubine des Kaisers machte für ihn im Mondlicht einen Striptease. Die ehrwürdigen Zen-Meister und ihre Schüler wanderten immer auf Naturpfaden, führten spirituelle Eingeweihtengespräche und lachten miteinander, während sie sich gegenseitig auf die Wangen schlugen, um einen subtilen Punkt zu illustrieren. Wenn dem Schüler oder auch dem Meister noch etwas Einsicht fehlte, sein Geist noch ein wenig Schliff benötigte, wurde der erforderliche Satz mit dem nächsten schallenden Klaps geliefert. Was auch geschehen mochte – Hungersnot, Pestilenz, neue Steuern, Einberufung für den nächsten Bürgerkrieg –, Zen-Adepten hatten einen großartigen Sinn für Humor. Angst war Zen-Schülern fremd. Sich nicht um Karriere, Zukunft, Besitz, Ehefrau oder Liebste, Nachwuchs, alte Eltern, spirituellen Status sorgend, verwandten Zen-Anhänger ihre ganze Energie darauf, unter allen Umständen das Bestmögliche zu tun und sich nicht um das Ergebnis zu kümmern. Egal, wie die Würfel rollten und welche Zahlen erschienen, alle meine Vorgänger versuchten nur, optimalen Gebrauch von den gegebenen Zahlen zu machen. Nichts war heilig, Buddha war ein Scheißstock* und dieses Universum nur ein weiterer Witz. Zieht hinaus und spielt guten Jazz.

Was wohl aus diesen lustigen Burschen geworden sein mag?

Warum scharte Sensei uns um sich und verbreitete Trübsinn in der Gemeinde? Er erwartete immer ein bißchen mehr, ganz gleich, was wir taten und wie wir es taten. Das Ergebnis war Leiden und Streit. Die Schüler schwärzten sich gegenseitig an. Sie suchten sich eine gute Position zu verschaffen. Die Schüler, die weniger Kritik erfuhren als andere, wurden Senseis Hunde und Speichellecker, wandelten feierlich hinter ihm, um seine Kissen und seinen Alkohol auf einem Tablett zu tragen. Alkohol, Weisheitsbrühe, wir tranken nicht die Qualität, die Sensei sich selbst vorbehielt, aber er überließ uns den zweitklas-

---

* Ein Mönch fragte Meister Ummon: «Was ist Buddha?» Ummon antwortete: «Buddha ist ein Scheißstock.» Es war die Zeit vor dem Toilettenpapier, die Leute benutzten Stöcke.

sigen, damit wir ein paar alte Koans darin einweichen und in traurigem Stumpfsinn darauf herumkauen konnten (ich kann mich nicht daran erinnern, auf einer seiner Parties jemals glücklich betrunken gewesen zu sein).

Gibt es keine Originalität mehr? Muß jeder Zen-Meister der letzten tausend Jahre (mit Ausnahme Hakuins, dessen komische Erscheinung die Sekte aufhellt) mit Bedacht eine Sammlung oft benutzter, eselsohriger, durchgekauter und ausgespuckter Sprüche aus der verbrauchten Vergangenheit auswählen? Und wird dann erwartet, daß er seine Auswahl bündelt und zu seinem eigenen Werkzeug macht, um damit das Innere seiner glücklosen Schüler aufzubrechen? Kann er sich nicht selbst ein paar Anekdoten ausdenken? Soviel ich in modernen westlichen Schulen gesehen habe, wird über Originalität die Stirn gerunzelt. Im alten Trott gehen oder die Stufen des Sanzen-Hauses hinuntergestoßen werden. Keine Kritik an Sensei. Dein Guru ist unfehlbar. Geprüft. Für vollkommen befunden. Hat er seine Ausbildungsjahre nicht im nicht nachprüfbaren fernen Osten verbracht? Kann er nicht die alten symbolischen Schriften entziffern? Hast du ihn nicht Sutras rezitieren hören? Ist er nicht so wunderbar fortgeschritten, daß, seit jenem Abend, da er im Zendo schnarchte und im Schlaf zur Seite fiel, von keiner geringeren Autorität als Roshi selbst beschlossen wurde, er brauche nicht mehr mit der Menge zu sitzen? Es spielt keine Rolle, daß nichts, was er tut, jemals funktioniert, daß seine Starschüler immer fortgehen, daß die Gebäude zerfallen, daß die Rohrleitungen verstopfen, daß Kredite in Anspruch genommen, aber nicht zurückgezahlt werden, daß die Kartoffeln verschrumpelt sind, daß die Waschbären ständig das Hühnerhaus überfallen. Strebe mit Eifer nach deiner Erlösung und achte darauf, daß es nach den vorgeschriebenen Zeiten keine Parties gibt. Errege Senseis Mißfallen, und du sitzt zusätzliche Stunden in dem anderen Zendo, der keine Heizung hat. Bereue und sei traurig. Arbeite an deinem vorgefertigten Koan. Fasse Mut. Bald wirst du zum nächsten übergehen, und sei es auch nur, weil Lehrer und Schüler der anscheinend ewigen Mißverständnisse überdrüssig werden. Schließe mit einem ab, und das nächste ist da. Es sind nur 144 Koans in dem Buch, und wir wollen dich nicht zu rasch vom Haken lassen. Nein, das hat Joshu nicht ganz gemeint, er meinte es eher so, nein, deine Antwort ist zu gekünstelt, ah, wieder daneben, willst du, daß ich dich schlage? Wollen mal sehen, ob du weißt, was «nicht ein einziges Ding» bedeutet. Der Lehrer gähnt, stochert in seinen Zähnen, der Schüler betrachtet einen losen Strohhalm in der Fußbodenmatte. Schließlich wird er wiederholen, was Sensei gerade gesagt hat, oder er wird nachmachen, was Sensei gerade mimisch dargestellt hat. Von dem Thron über dem Schüler kommt ein großer Seufzer der Erleichterung. «Okay, das ist es. Du hast bestanden. Nächstes Koan.»

Besteht man ein Koan auf diese Weise, wird es einem ewig ein Greuel sein. Man möchte an das verfluchte Ding nicht einmal erinnert werden. Aber vielleicht hat die Methode ja doch einen Wert, denn manche Koans können unter unvorhergesehenen Umständen wieder auftauchen und ein Fitzelchen Unwissenheit oder hartnäckiges Verdrängen beseitigen. Ich jedenfalls habe diese Erfahrung gemacht. Das «Trag ihn mit dir herum»-Koan hat mir nicht viel gebracht, als ich widerstrebend durch seine vielen Krümmungen gezerrt wurde, doch später tauchte es wieder auf und hinterließ einen Eindruck.

Nachdem ich während meiner Reisen und meiner geschäftlichen Tätigkeit mit so vielen Menschen zu tun gehabt hatte, war ich auf meinen scharfen Einblick in die Psyche anderer stolz. Zen-Meister sind angeblich in der

Lage, ihre Schüler, Begleiter und Gegner mit einem einzigen Blick zu analysieren. Warum sollte eine kleine Portion dieser großartigen Gabe nicht auch mir zugefallen sein? Wenn nicht, womit hatte ich dann soviel Zeit vergeudet?

In Amsterdam bestieg ich einmal ein halbvolles Flugzeug und sah eine alte Dame an einem Fenster sitzen. Sie trug dezente, gutgearbeitete, unverwüstliche Kleidung, die ich mit Gymnasiallehrern assoziierte, deren Spezialität es ist, interessante Themen langweilig zu gestalten; ihr Haar hatte sie zu einem peinlich genauen Knoten aufgesteckt, wie meine langverblichene Tante Anna (sie sang sehr laut in der Kirche), und auf den Sitz neben sich hatte sie eine große quadratische, effizient aussehende Handtasche gestellt, die wahrscheinlich erschöpfende Unterlagen über belanglose Themen enthielt. Wir hatten flüchtigen Augenkontakt. Wir sagten unverbindlich «Hallo» zueinander. Wir strichen uns aus dem Gedächtnis. Ich saß auf dem Fensterplatz vor ihr und las, versuchte Ornette Coleman auf meinem CD-Spieler zu hören und schlief schließlich ein.

Ich wachte auf, weil die Dame hinter mir mich an der Schulter rüttelte. Sie deutete auf das Fenster. «Ich dachte, Sie würden das nicht verschlafen wollen.»

Wir flogen über die Küste von Grönland. Es war später Nachmittag. Sonnenstrahlen fielen in einem schrägen Winkel ein. Unter mir, zwischen mit eisblauem Wasser gefüllten Buchten, erhoben sich riesige leuchtendgrüne Felsen, erstarrt, sich gegenseitig spiegelnd. Die gezackte Küstenlinie schien kein Ende zu nehmen. Die seltsamen Formen wiederholten sich nie, jeder Felsvorsprung in unterschiedlichem, halbtransparentem Glanz war anders eingekerbt. Es gab keine Bäume, keine Häuser, keine Straßen, keine Häfen. Es gab definitiv keine Menschen. Die leere Landschaft erinnerte mich an eine Escher-Komposition, eine, die niemals endet, keine Grenzen kennt, sich selbst in einen endlosen Raum projiziert. Ich schaute, bis das Winterlicht verblaßte. Ich dankte der Dame hinter mir. Sie forderte mich freundlich auf, mich neben sie zu setzen. Wir nahmen gemeinsam unser abendliches Bordmenü ein, das dank unserem Zusammensein überhaupt nicht schlecht schmeckte. «Ist die Erde nicht wunderschön?» fragte sie. «Göttliche Mathematik, finden Sie nicht auch? Es ist eine poetische Disziplin. Ich bin von zufälligen Formen fasziniert, auch wenn sie in Zahlen ausgedrückt sind. Jene wellenförmig verlaufende Küste war wie die Bewegungen des Aktienmarktes, Zufallskurven.»

«Spielen Sie mit den Zahlen?» fragte ich.

«Nur morgens», sagte sie. «Am Nachmittag male ich. Ich bin eine Nachmittagsmalerin.»

«Verkaufen Sie Ihre Kunst?»

«Manchmal. Ich mache abstrakte Collagen. Meine Arbeit eignet sich zum Sammeln, aber ich verdiene mehr Geld an der Börse. Und Sie?»

Ich gab ihr meine Karte. Sie erkannte meinen Namen. Sie hatte eine Freundin, die ein Buch von mir gelesen hatte. «Über Buddhismus, stimmt's? *Der zerbrochene Spiegel*? Sie gingen nach Japan, um sich über die Dinge klarzuwerden? Eine lustige Geschichte? War es nicht die zweite Wahl irgendeines Buchklubs? Arbeiten Sie noch in dieser Richtung?»

Ich erzählte ihr, daß ich den offiziellen Rahmen verlassen hätte, und ihr Kommentar wurde von dem Kinofilm, der auf einer Leinwand vor uns anfing, abgeschnitten. Eine schöne Frau und ihre Familie fuhren in etwas, das wie ein ziemlich zerbrechliches Schlauchboot aussah, einen reißenden Fluß hinunter, bedroht von schäumenden Wellen und bewaffneten Banditen. Zum Glück ging alles gut aus, für die schöne Frau jedenfalls, aber es gab auch erschreckende Momente. Noch ganz mitgenommen von der Prüfung der schönen Frau, fragte meine Nachbarin, ob ich für mich allein noch «Zen praktizierte». Es ist die Art von Frage, die sofort ein Schuldgefühl bei mir hervorruft. Habe ich meine täglichen Meditationen absolviert? Gehe ich den heiligen achtfachen Pfad? Habe ich schmutzige Gedanken? Ja, Ma'am, mein Geist ist ein Hurenhaus, und ich liebe große T-bone-Steaks, halb blutig, dazu umgekommene Bratkartoffeln und ermordete Salatblätter, die ein grausamer Erntearbeiter aus dem Boden gerissen hat, ohne das Schmerzgeschrei eines Salatkopfs zu beachten, der gerade seines wunderbaren Lebens beraubt wurde. Ich nehme Antibiotika, um Bakterien zu töten. Ich zerquetsche Holzameisen, die in mein Haus eindringen, und wenn das nicht hilft, füttere ich sie mit Gift oder besprühe sie mit Insektentod. Ich bin auf dem besten Weg in alle Niederländisch-Reformierten-Buddhistenhöllen. Na und? Ich erzählte meinem Quälgeist, was der Bodhisattwa Avalokitasavara zu seinem Freund sagte, als er von seiner «Reise in das tiefe Prajnaparamita», in das tiefe Verständnis, zurückkehrte. Er sagte, er habe festgestellt, daß alle fünf Skandas leer sind und dadurch alles Leiden transzendiert. «Das ist hübsch», meinte meine Reisegenossin, «was sind Skandas?» Skandas sind Ich-Ebenen, erklärte ich ihr. Das, was unser Ich-Bewußtsein ausmacht, wie Körper, Wahrnehmung, Denken, Handeln, Wissen – letztendlich alles leer. Nichts, worüber man sich Sorgen machen müßte. Nichts, was einen beunruhigen müßte. Wie die Redensart aus Maine. «Wenn es dir scheißegal ist», sagt mein Nachbar in Maine, «ist es nicht wichtig.» Doch er sagt auch: «Heißt aber nicht, daß du's nicht tun mußt.»

Sie lachte. Die Beschäftigung mit der Aktienbörse am Vormittag und das Herstellen von Kunstwerken am Nachmittag hatte ihren Sinn für Relativität entwickelt. Auf und ab, ab und auf. Welten heftig schwankender Werte. Fallende und hochschießende Aktienkurse. Gönner, die ihre Kunst an einem Tag lieben und am nächsten ignorieren. Ihr künstlerischer Geschmack, der sich ständig verändert. All diese Bewegungen – warum sollte man ihnen Wert beimessen? Einfach immer nur die Schritte tun, den Bewegungen folgen, aber sie meinte, sie würde die Börsenspekulation bald aufgeben und ihr Geld in irgend etwas Langweiliges investieren, um mehr Kunst machen zu können, die sie wahrscheinlich vernichten würde, da sie nur wenig verkaufen könne und ihr die Wandflächen ausgingen. Vielleicht, so überlegte sie, würde sie mit Meditieren beginnen. Sie hatte beschlossen, nach Santa Barbara, Kalifornien, zu ziehen, und es sollte dort einen Hindu-Tempel mit ruhigen Gärten geben. Er sei Ramakrishna, einem Heiligen, geweiht. Ob ich von Ramakrishna gehört hätte? Der in die Göttin Kali verliebt gewesen sei und ihr den Kopf abgeschnitten habe, während sie in einer großartigen erotischen Vision in seinen Armen schlief, nach einem spirituellen Liebesakt auf unglaublich hohem Niveau, so daß er schließlich frei sein konnte?

«Was?»

«Egal», sagte sie, «erzählen Sie mir bitte, als Sie den Zen-Tempel verließen, von dem Sie sagten, er sei korrupt gewesen, haben Sie da alles über Bord geworfen? Das Kind mit dem Bade ausgeschüttet?»

Fast hätte ich nein gesagt, natürlich nicht, bitte, das Kind ist wichtig, das kleine Kind der Unschuld, der Neugier, des Glaubens an Türen, die sich öffnen, wenn der Fragende höflich anklopft, der liebe kleine Taps, «das Kind im Innern», das das New Age propagierte, bis es aus der Mode kam, doch in den blassen Augen der Frau war etwas, das mich auf der Hut sein ließ. War dies eine weitere Falle, die mir gestellt wurde? Wollte sie meine Einsicht prüfen? Wir hatten soeben die ostamerikanische Küste erreicht, Land des Puritanismus und des positiven Denkens. Warum sollte ich das lästige Kind nicht mit dem schmutzigen Badewasser ausschütten? Was kümmerte mich das überhaupt? Wollte ich versuchen, diese Frau, die ich nie wiedersehen würde, wenn wir erst einmal durch die Paßkontrolle und den Zoll waren, zu beeindrucken? «Ja, Ma'am, ich habe das Kind mit dem Bade ausgekippt, und die Wanne habe ich hinterhergeworfen. Fort mit dem Zen-Kind und seinem Dreck und seinen Siebensachen, wer braucht es?»

«Sie müssen es eine Weile gebraucht haben», sagte sie. «Aber Sie brauchen nicht zu brüllen. Auch ich habe die meisten Dinge aufgegeben. Die meisten realistischen Leute haben das. Es gibt nichts, an dem man festhalten müßte, entweder weiß man das in meinem Alter oder man versucht, verrückt zu werden. Ich dachte, mein Geld sei vielleicht wichtig und meine Kunst natürlich, mit Farben und Formen und Gestalten zu experimentieren, wenn man den Hang zum Künstlerischen hat.» Sie schüttelte den Kopf. «Ich neige dazu, die Dinge zu übertreiben.»

Ich erinnerte mich, daß Roshi seinen Schülern nicht verbot, künstlerische Interessen zu verfolgen. Es gab einen Schüler, der sich ein Klavier in einem Nachbartempel aufstellen ließ, ein anderer arbeitete täglich in einem Maleratelier. «Man muß auch die kleinen Dinge tun», sagte er, als ich ihm erzählte, daß ich, falls ich nicht verrückt würde, ins Delirium fiele oder von einer Klippe spränge, vielleicht vorhätte, Schriftsteller zu werden. Er zuckte die Achsel: «Die zehntausend Wörter.» Später wurde ich Zeuge, wie er Baseball im Fernsehen betrachtete und lachte: «Die zehntausend Bälle. Manche von ihnen schaffen es.»

Meine Beichtmutter, die alte Dame im Flugzeug nach Boston, sprach wieder: «Aber die kleinen Dinge, selbst wenn sie für eine gesunde Routine wichtig erscheinen, bedeuten mir auch nicht viel. Ich bin bereit, sie aufzugeben, wenn die Zeit kommt. Warum Lasten mit mir herumtragen? Was machen Sie jetzt?»

«Nichts», sagte ich verdrießlich. «Ich trage nichts mit mir herum.» Dann sah ich auf. Ich hatte das Koan erkannt, das die alte Frau mir wieder zum Bewußtsein gebracht hatte. Ich erzählte ihr davon. Wieder der alte Joshu mit seinem «Wirf es fort». *Ein Mönch kommt zu Joshu: «Wenn ich nicht ein einziges Ding mitbringe, was sagst du dann?» Joshu sagte: «Wirf es fort.» Der Mönch sagte: «Aber Meister, ich habe nichts, was kann ich fortwerfen?» – «Dann trag es mit dir herum», sagte Joshu. Als der Mönch den Meister die befreienden Worte sagen hörte, wurde er erleuchtet.*

Ich weiß nichts über Erleuchtung. Als ich mit Roshi über Erleuchtung zu sprechen versuchte, über das «Satori», von dem ich auf der langen Schiffsreise von Europa über Afrika nach Japan in D. T. Suzukis Zen-Führer gelesen hatte, sagte Roshi: «Was? Satori? Bitte? Wo hast du das ausgegraben? Wirf es fort.» Irgendwie habe ich das sogar damals, in meinem konfusen, noch unentwickelten Anfangsstadium der Suche, verstanden. Der letzte Teil des «Wirf es fort»-Koans übertreibt. Vermutlich ist es nur eine schlechte Übersetzung. Kann der Mönch es nicht einfach kapieren? Der Begriff «Erleuchtung» kommt vom westlichen positiven Denken, vom Wertlegen auf Dinge. Jeder ist erleuchtet. Es zeigt sich nur nicht immer. Es zeigt sich in wahrer Liebe und nach dem zweiten doppelten Bourbon und bei Sonnenuntergängen und beim Sterben. Ich kannte mal einen klugen Professor, der immer nach der Antwort suchte. Er hatte viel medizinische Forschung betrieben, und Verfahren sind nach ihm benannt, aber keine seiner wissenschaftlichen Antworten schien ihn glücklich zu machen. Kurz bevor er starb, setzte er sich auf, sah seine dreißigjährige Freundin an, lächelte und sagte: «Natürlich, wie dumm von mir, Liebling, wie außerordentlich dumm.» Dann legte er sich wieder hin und gab seinen Körper auf. «Er wußte es die ganze Zeit», erzählte sie mir später, «aber er war irgendwie begriffsstutzig.»

«Was wußte er?» fragte ich.

Sie bohrte mir ihren Ellbogen in die Seite. «Du weißt es. Daß es keine Rolle spielt, meinst du nicht? All sein Kummer? Diese ganzen kleinlichen Sorgen? Trotz seines brillanten Verstandes war er sehr egoistisch. Das hielt ihn fest. Sein Tod erlöste ihn.»

«Von seinem Egoismus?»

Sie nickte matt. «Ja.»

«Tragen Sie es mit sich herum?» fragte ich meine betagte Fluggefährtin.

Sie grinste. «Im Augenblick nicht. Wahrscheinlich, wenn mein Sohn mich in Boston abholt. Er lebt von mir, wissen Sie. Ich betrachte ihn als eine Last.» Sie grinste wieder. «Aber dieses Mal vielleicht nicht. Wie ging das Koan doch gleich?»

7 Ins eigene Wesen schauen und andere Kurzweil

Während ich in Japan im Kloster lebte, bemerkte ich eine Menge Aktivität, die mit der spirituellen Entwicklung der Mönche zu tun hatte und in der Zen-Sprache «ins eigene Wesen schauen» genannt wurde. Sie saßen nicht nur still im Zendo oder arbeiteten schweigend im Garten, sie sprachen auch viel untereinander. Da ich noch über keine Sprache zum Sprechen verfügte, hatte ich kaum eine Ahnung, was vor sich ging, doch allmählich, in dem Maße, wie ich Wörter aufschnappte, fing ich an zu verstehen. Bis dahin war Japanisch eine exotische Sprache für mich gewesen. Ich dachte, daß fast alles, was in Kioto gesagt wurde, eine tiefere Bedeutung hätte. Kioto ist das spirituelle Herz Japans oder, wie andere ortsansässige Experten mir sagten, eine Projektion des «wahren japanischen Wesens». An jedem Tag, den ich mich außerhalb des Sodo befand, sah ich ältere Bürger, die per Busladung aus dem ganzen Land herangekarrt und in der Umgebung von Tempeln, Hallen, Palästen und lebendigen Museen religiöser Folklore herumgeführt wurden. Die alten Leute schienen es irgendwie eilig damit zu haben zu lernen, «in ihr eigenes Wesen zu schauen», bevor ihnen, nach ihrer Rückkehr in ihre Heimatstädte, Priester die Begräbnisriten sangen. In vorschriftsmäßige Kimonos gekleidet, schwarz für die Männer mit ihren rasierten Schädeln und dünnen weißen Bärten, purpur und grau für die oft von Osteoporose gebeugten Frauen, machten die Suchenden nach unumstößlicher Einsicht an jedem Schrein halt. Sie verneigten sich und klatschten in die Hände, um Buddha, die Bodhisattwas, Shinto-Gottheiten, ja selbst den Geist eines lange verstorbenen Kaisers herbeizurufen, als sie vor dem früheren kaiserlichen Palast standen. Sie sahen alle ernst und andächtig aus. Emotionen auf einer niedrigeren Ebene nahm ich zum erstenmal wahr, als Han-san, mein Englisch sprechender Mönch-Freund und ich Zeugen einer Unterhaltung zwischen zwei kichernden alten Damen wurden, die sich vor dem Tempel der tausend Buddhas verbeugten. Han-san deutete diskret und flüsterte. «Zweiter Buddha in der dritten Reihe, der mit dem Kino-Schnauzbart, die Damen sagten, er sehe wie ein gemeinsamer Liebhaber aus, den sie vor fünfzig Jahren hatten.» Als ich Japanisch lernte, begann ich, in Straßenbahnen oder Badehäusern zufällig mit angehörte Gespräche zu verstehen. Keines hatte etwas mit «in sein eigenes Wesen schauen» zu tun, es war wie zu Hause, alles Tratsch, Klagen, Angeberei, Austausch von belanglosen Informationen oder, im Falle junger Männer, großspuriges Gerede. Es war eine Enttäuschung zu wissen, daß ich in dieser himmlischen Tempelstadt eindeutig nicht im Himmel war. Doch wie die Präsidentin eines niederländischen Buddhistenclubs später zu mir sagen sollte, als sie hörte, daß ein Sprecher einen von ihr geplanten Vortrag strich: «Ich habe schon so viel in meinem Leben gelitten, da kann dies das Leid auch nicht mehr vergrößern.»

Ich hätte es jedenfalls besser wissen müssen. Schon auf dem französischen Fracht- / Passagierschiff, das mich 1957, während der letzten Etappe meiner Befreiungsreise, von Saigon nach Kobe brachte, war ich Zeuge mangelnder esoterischer Bedeutung in japanischen Alltagsunterhaltungen geworden. Zwei junge japanische Ingenieure kehrten aus dem vietnamesischen Dschungel zurück, wo sie das Einsammeln von Metallschrott durch einheimische Arbeiter überwacht hatten (der Krieg mit der französischen Kolonialregierung war noch nicht allzu lange vorbei, und die amerikanische Armee war noch nicht eingetroffen). Die Ingenieure liebten den französischen Apfelbranntwein, mit dem die Bar der *Anne Marie* bestückt war. Sie zeigten einander (und, zum Teufel, mir auch) Fotografien von großen nackten Blondinen, die sie in Saigon gekauft hatten, und riefen *«yosh»* (okay) und *«taihen»* (sehr), während sie die Dimensionen der Modelle andeuteten. Ob ich nicht auch so dächte? Gewiß dachte ich das. Sie riefen *«kampai»* (ex), wenn sie frischgefüllte Gläser hoben, doch bei mir lautete der Toast stets *«Bussho»* (Buddha-Natur). Ich hatte nie den Eindruck, daß sie sich über mich lustig machten. Sie hatten mich gefragt, warum ich nach Japan führe, und ich hatte ihnen erzählt, daß ich «meine Buddha-Natur verwirklichen» wolle. Sie verstanden mich zuerst nicht, worauf ich das Zeichen für «Buddha-Natur» von einer Fußnote in einem Buch D. T. Suzukis kopierte und es ihnen an der Bar zeigte. Sie nickten. *Bussho* war auch *yosh* (okay). Die Bilder der nackten Blondinen wurden für den Augenblick beiseite gelegt. Sie zeigten mir Fotos von Elefanten, die kampfunfähige französische Panzer unter Palmen hervorzogen. «Sieh mal, das da bin ich auf Big Jumbo.» Sie erzählten mir, daß Kobe-Stahl, hergestellt aus dem Schrott der französischen Panzer, in den Frachträumen der *Anne Marie* in die Vereinigten

86

Staaten transportiert würde, wo man jetzt neue, für Vietnam bestimmte Panzer baute. Sie sahen eine Menge profitabler Geschäfte für sich voraus. «Kampai!» – «Kampai!» sagte ich. «Bussho!» – «Bussho!» sagte ich. Sie schlugen auf die Bar. «Monsieur Steward? Noch einen Apfelbranntwein für In-sein-eigenes-Wesen-Schauen hier.»

Ich kam mir wie eine Figur in Somerset Maughams Roman «Auf Messers Schneide» vor. Das Buch hatte mich beeindruckt. Ein junger Mann, Erbe eines Vermögens, begibt sich auf eine spirituelle Mission und erkennt, nach einiger Meditation und von einem Guru verordneten seelenerforschenden Übungen, in einer Klause im Himalaja sein wahres Wesen. Als neuer Mensch kehrt er nach Hause, nach Chicago zurück, gibt seinen Oberschichtstatus auf und wird Taxifahrer, «um den anderen Leuten zu helfen», aber das Buch verrät nicht, wie er das machen will. Der Held marschiert einfach von der letzten Seite, mit einsichtsvollem Blick und glücklich. Ich hätte nichts dagegen, dachte ich, während ich Apfelschnaps mit japanischen Panzerverwertern trank, anderen Leuten zu helfen, aber zuvor mußte ich etwas wissen – womit ich ihnen helfen sollte. Mit meinem wahren Wesen vermutlich. Es schien alles sehr kompliziert zu sein, vor allem wenn die anderen Leute nur nackte Blondinen ansehen und zum Bau besserer Tötungsmaschinen beitragen wollten. Vielleicht gab es ja gar keine anderen Leute, die spirituelle Hilfe brauchten, was mir nur recht wäre, dann würde ich mich einfach auf den Weg zur Glückseligkeit in der Leere machen.

Die Mönche des Daitoku-ji schienen auf diesem Gebiet der Erforschung «ihres eigenen Wesens» Resultate zu erzielen, indem sie mit großer Geschwindigkeit Koans lösten. Han-san zeigte mir von Zeit zu Zeit seine Liste, wie weit er auf dem Weg «dorthin» oder, wie der echte

Buddhist es zu nennen vorzog, «nirgendwohin» gekommen war. Die Liste enthielt Koan-Titel auf der linken Seite, Häkchen auf der rechten Seite. Er studierte auch Gedichträtselbücher. Roshi wies im Sanzen auf einen Gedichtteil in einem Buch hin, und Han-san mußte ein passendes Stück in einem anderen Buch finden. Han-san sagte, er sei gut darin. Um ein heiliges Gedicht zu vervollständigen, brauchte er gewöhnlich nur ein paar Tage des Lesens und Grübelns. Er sagte, er sei in Literatur begabt. Er hatte bemerkt, daß auch ich gerne las und mir Übersetzungen der Romane des japanischen Genies Tanizaki besorgte. Tanizakis Art zu schreiben gefiel mir tatsächlich, wie die Dinge sich ineinander verwoben, die langen Monologe, die Stimmungsschilderungen, die minuziös beschriebenen Verirrungen menschlichen Verhaltens, mit einem tröstlichen, dennoch hoffnungslosen Unterton, und immer kleine Andeutungen von Natur: ein Vogel singt, eine Wolke zieht vorbei. Aber es gibt keinen Ausweg, der intelligente Leser weiß, daß am Schluß alles in Verrücktheit enden wird.

«Natürlich gefällt dir Tanizaki», sagte Han-san. «Der Mann ist total neurotisch.» Er verneigte sich begeistert, um seiner Bewunderung Ausdruck zu verleihen. «Versuch als nächsten Kawabata. Sehr traurig, und seine Geschichten verlieren sich auch im Nichts. Er und Tanizaki haben beide die gleiche Wesensart.»

Das gefiel mir nicht. Warum sollte ich neurotische Naturen mögen?

«Weil du verrückt bist.» Han-san lachte. «Wozu stolperst du hier herum? Was nützt dir die ganze Quälerei? Hast du irgendein angenehmes Ziel vor Augen? Ich werde Priester in einer glücklichen Stadt sein, in einem Tempel, der nicht Teil eines Ausbildungszentrums ist wie dieser Laden hier. In meinem Tempel wird es keinen Schweiß, keinen Gestank, keinen gekochten Kohl, kein lauwarmes Bad alle neun Tage geben. Toiletten mit Wasserspülung anstelle von Löchern im Boden, Zuhause von vogelgroßen Fliegen, die auf den heiligen Arsch warten. An Werktagen werde ich Sushi zum Abendessen haben und am Wochenende Delikatessen, die die guten Leutchen mitbringen. Es wird ein Auto dasein! Das alles hast du gehabt. Du hast es aufgegeben, sagst du, weil du *neugierig* warst?»

«Bist du nicht neugierig?» fragte ich heftig. Ich deutete auf den Himmel. «Die Schöpfung erfüllt dich nicht mit Staunen? Du fragst dich nicht, was das alles bedeutet, Mann?»

Han-san boxte mir spielerisch in den Bauch. «Es bedeutet einen Scheißdreck, Mann-san.» Er boxte mich fester und machte ein böses Gesicht. «Form ist Leere. Das Ich ist auf allen fünf Ebenen leer. Es gibt kein Leiden, weil nur das Ich leidet; wenn das Ich verschwindet, verschwindet auch das Leiden.» Han-san kam richtig in Fahrt, tanzte auf seinen Klipp-Klapp-Getas um mich herum, boxte mich jedesmal, wenn er dicht genug kam. «Du singst jeden Morgen das Herz-Sutra mit uns, singst ‹*Mu dies, Mu das*› mit deiner krächzenden Stimme, bringst uns zum Lachen, und der Tempelvorsteher brüllt uns hinterher an. Das Singen des Herz-Sutras, zusammen mit all den Schlaginstrumenten, dem Dröhnen der Trommel, dem Klirren des Gongs, soll durch seine hypnotische Wirkung erreichen, daß du in dein eigenes Wesen schaust.» Er deutete auf seine Liste gelöster Koans. «Sie sagen alle dasselbe. *Da ist nichts.* Begreifst du immer noch nicht? Daß alles leer ist? Daß es nichts mit sich herumzutragen gibt? Daß wir nur unser Nicht-Ich genießen müssen? Ich werde ein leeres Auto fahren und leeres Sushi essen, wenn meine Ausbildung hier abgeschlossen ist. Vielleicht lerne ich ein paar leere Frauen kennen. Was für eine Art von Leere wirst du ausüben?»

Ich boxte ihn ebenfalls, um nicht weiter von ihm geboxt zu werden, vielleicht zu fest, er rannte weg.

Gäste trafen im Tempel ein, zwei amerikanische Studenten mit abgeschlossenem Studium, die fließend Japanisch sprachen und der Sammlung ihrer Auszeichnungen den Zen-Buddhismus hinzufügen wollten. Sie kamen mit eindrucksvollen Empfehlungen, und Roshi hatte sie als vorläufige Schüler akzeptiert, vorausgesetzt, sie nähmen an einigen anstrengenden Meditationswochen teil und kämen so etwa hundertmal zum Sanzen zu ihm. Die zukünftigen Promovenden an US-amerikanischen Elite-Universitäten, Adam und Trevor, erzählten mir, daß sie gern einige Koans lösen und am Ende ihres Aufenthalts im wunderschönen Kioto von Roshi ein Zeugnis erhalten würden. Sie kauften sich Motorräder und mieteten komfortable Unterkünfte in Häusern auf halbem Weg zwischen Sodo und Weidenviertel. Sie waren freundliche Burschen. «An welchem Koan arbeitest du, Jan?»

Ich arbeitete an Mu.

Sie waren gut vorbereitet. Sie kannten sich mit Mu aus. An Mu sei nichts dran, sagte Adam. Die Geschichte sei eindeutig. Natürlich hat der Hund Buddha-Natur, der Mönch weiß es, der Lehrer weiß es, die Frage ist dumm. Jeder hat Buddha-Natur. Das Universum ist im Kern göttlich. Der Mönch prüft den Lehrer. Das geschieht in vielen Koans. Mönche fordern Meister heraus. Richtig? Richtig. Warum ist dann das Koan Mu so wichtig? Warum wird es als «Öffnungskoan» bezeichnet? Warum öffnet es einen Weg aus dem Labyrinth, wo wir, die entwickelten menschlichen Seelen (unentwickelte Seelen wissen nicht einmal, daß ein Labyrinth da ist), nach wirklichen Antworten suchen? Weil der Lehrer den Mönch mit seinem gewaltigen «Mu»-Ruf überwältigt. Des Lehrers Antwort geht unendlich viel weiter als die Frage nach dem Hund (eine niedere Kreatur, der Lehrer ist Chinese, Chinesen essen Hunde, der Hund könnte bei uns ein Schwein sein oder eine Laus oder die kleine einfache Lebensform, die Syphilis erzeugt), der so heilig ist wie alles andere auch. Mu bedeutet die bedeutungslose Leere, die absolute Nicht-Existenz von allem. Es ist leerer Raum ohne den Begriff «Raum», es ist eine Null ohne den Ring. Mu macht sich über alle mönchischen Fragen lustig.

Auch Trevor wußte etwas über Mu. Die Antwort auf das Koan laute «Mu». Der Mönch ruft dem Lehrer «Mu» zu. Die Leere wird mit der Leere gefüllt. Kein Raum für weitere Fragen. Stimmt's?

«Erzählt es Roshi», sagte ich.

Das taten sie, siebenmal täglich in der ersten Dezemberwoche, die die härteste Woche in der Zen-Ausbildung ist, und die Schüler sehen den Lehrer zwischen verlängerten Meditationen und sehr kurzen Mahlzeiten und Nickerchen. «Ich bin eine Kuh», sagte Trevor zu Adam während einer Pause. «Ich brülle soviel ‹Mu›, daß ich jetzt eine bin, eine beschissene Kuh, Mann.» Er hielt seine Hände hinter die Ohren, bohrte sein Gesicht in Adams Gesicht und brüllte: «Muuuuu.»

Adam fragte mich, ob ich Fortschritte mache, ich sei ja schon eine ganze Weile hier. Welche Antworten ich in Sanzen gäbe? Ich sagte, ich hätte keinen Erfolg, aber Roshi habe gesagt, falls ich Fortschritte mache, ohne daß es mir bewußt sei, solle ich keine Meilensteine zählen. Ich machte einfach weiter, und natürlich sagte ich auch immer noch manchmal «Mu». Meistens sagte ich nichts. Roshi läutete seine Glocke. Ich ginge fort, sei ein paar Stunden später wieder zurück, sagte nichts, Roshi läutete wieder seine Glocke.

«Was mich ankotzt», sagte Adam, «ist, daß diese Mönche Fortschritte machen, die sind nur wegen ihrer Karriere hier oder weil ihre Eltern sie rausgeworfen haben. Dieser Bursche Han-san zeigte mir seine Liste mit gelösten Koans. Er sagt, er wird nächstes Jahr Priester sein. Er wird eine weiße Robe unter seiner grauen Robe tragen. Andere Socken. Irgend so eine Art bunten Schal. Er wird aufgefordert werden, mit anderen Priestern zusammen in einem anderen Tempel Zeremonien abzuhalten, mit Singen und Tanzen, er wird nicht mehr Matrose sein, er wird seinen eigenen Tempel segeln. Aber wird er irgend etwas wissen?»

Adam beklagte sich, Han-san habe nicht die richtige Motivation, um Koans zu lösen, wohingegen er, Adam, sie habe. Er sei wirklich an fortgeschrittenem asiatischen Denken interessiert, Trevor ebenfalls, und selbst ich könne – obwohl sie meinten, ich sei nur hier, um ein durch den Zweiten Weltkrieg verursachtes psychisches Trauma zu therapieren – als echter Suchender eingestuft werden. Wieso ließ Roshi uns also nicht das Mu-Koan bestehen, das wir doch offensichtlich alle drei verstünden? Jeder praktisch analphabetische Bauerssohn, der vom Lande hierherkam, bestand es in ein paar Monaten. Warum nicht wir? Mochte Roshi vielleicht keine Fremden? Glaubte er so sehr an japanische Überlegenheit, daß er einem *Gaijin*, einem Ausländer, sogar die Möglichkeit absprach, Einsicht zu erlangen?

Trevor erwähnte eine Äußerung Roshis, er sei während des Kriegs als Soldat der kaiserlichen Armee in der Mandschurei gewesen. Roshi war Mönch, als der Krieg ausbrach, aber auch Mönche mußten Soldaten sein; wenn sie sich aus religiösen Gründen weigerten, kam die *Kempetai*, die japanische Militärpolizei, und verhaftete und tötete sie vielleicht sogar. Da er kein Krieger war, hatte sich Roshi freiwillig zum Wachdienst gemeldet, was wegen seiner schlechten Gesundheit bewilligt wurde. Er hatte meditiert, während er stillstand und sich an seinem Gewehr festhielt. «Der Feind hätte mit Panzern auf mich zufahren können, und ich hätte es wahrscheinlich gar nicht bemerkt.» – «Interessant», sagte Trevor, «aber was hat er bewacht? Die Mandschurei war da, wo sich die Schwerindustrie befand, in der eine geknechtete Bevölkerung schuftete, doch es gab dort auch Einrichtungen, wo chinesische Kriegsgefangene zu tödlichen Experimenten benutzt wurden, es gab dort biologische Waffenfabriken, es gab dort alles mögliche gefährliche Zeug, das bewacht werden mußte.» Er wackelte mit den Augenbrauen. «Wußtet ihr das?»

Wir drückten unsere Zigaretten in einer Bierdose aus, die hinter einem moosbewachsenen Stein, der das Grab eines berühmten Zen-Heiligen markierte, verborgen war, und gingen für weitere drei Stunden Meditation zum Zendo zurück. Na, und wenn schon. Ich zog es vor, Roshi auf seiner gegenwärtigen Ebene zu beurteilen, anstatt mir Sorgen über seine Kriegsvergangenheit zu machen. Ich war der Meinung, daß hier Karma im Spiel war, unvermeidliche Umstände, die das Wann und Wozu einer menschlichen Geburt bestimmten. Roshis Geburt als Japaner um 1900 hatte unweigerlich zur Folge, daß er Soldat wurde, Wachposten – in einer Senfgasfabrik vielleicht. (Er könnte auch Sakeflaschen bewacht haben, wer weiß? Ich habe ihn jedenfalls nie danach gefragt.) Wegen eines ganz anderen, ebenfalls unvermeidlichen Karmas waren Trevor und Adam als gute Amerikaner geboren worden und lebten ein wunderbares Leben, an dem nie jemand etwas auszusetzen haben würde. Zufällig wurde ich als Sohn eines nazifeindlichen holländischen Mittelschichtpaares geboren, was mich, nach damals gültigem Wertmaßstab (1940–1945, als die Deutschen Holland besetzt hatten), ebenfalls zu den Guten zählen ließ. Mein Karma gab mir ein gutes Gefühl, führte aber auch bald zu Zweifeln. Was, um alles in der Welt, war «gut»? Zwei Jungen in der Schule in Rotterdam, die ich besuchte, waren eineiige Zwillinge, blond und blauäugig. Sie waren fünfzehn Jahre alt, ich neun. Einmal fiel ich in einen Graben, und sie zogen mich heraus. Als dann die verhaßte Besetzung begann, wurden meine Helden deutsche Staatsbürger. Ihre Eltern waren ursprünglich Deutsche gewesen, hatten Deutschland aber vor dem Krieg aus geschäftlichen Gründen verlassen. In Holland ansässig, waren sie niederländische Staatsbürger geworden. Neue Gesetze der Besatzungsbehörden machten diese Entscheidung rückgängig. Die Jungen wurden von der Nazibürokratie zwangsverpflichtet und kamen eines Tages in Uniformen der Hitlerjugend und auf einem Motorrad mit Beiwagen zur Schule, was zu der damals sich aufheizenden Propaganda gehörte. Welche fünfzehnjährigen Jungen würden sich die Gelegenheit entgehen lassen, mit einem Motorrad plus Beiwagen anzugeben? Ihre neidischen nazifeindlichen Klassenkameraden rotteten sich gegen *Humpty & Dumpty Heil Hitler* zusammen, so nannten wir Heinz und Hans, seit wir wußten, daß sie die Staatsbürgerschaft gewechselt hatten. Wir regulären holländischen Jungen (ich machte nicht mit, aber ich half Heinz und Hans auch nicht) wollten diese hassenswerten Außenseiter umbringen, indem wir ihnen Backsteine auf den Kopf schlugen, doch ein Lehrer beendete das Handgemenge und befahl den Opfern, nach Hause zu gehen und Zivilkleidung anzuziehen, wobei er eine erfundene Schulvorschrift zitierte, die das Tragen von Uniformen im Unterricht verbot. Heinz und Hans gingen später im Krieg nach Deutschland zurück und starben im Feuersturm von Dresden. Nachdem ich davon erfahren hatte, tat es mir noch mehr leid, daß ich sie nicht verteidigt hatte, als die «guten» Jungen Backsteine auf sie werfen wollten, weil das Karma Heinz und Hans ein Motorrad beschert hatte. Trotzdem haßte ich immer noch pflichtbewußt alle Deutschen.

«Roshi haßt keine Ausländer», sagte ich. «Ich habe ihn ein *Teisho*, einen Vortrag, über das Thema halten hören, an einem Sonntagmorgen in der großen Dharma-Halle, das Orchester aus Schlaginstrumenten spielte, alle Laienhelfer des Tempels waren anwesend, eine große Festveranstaltung, die Mönche waren in ihren Sonntagsroben herausgeputzt, und ich trug eine Krawatte und ein Jackett. Die Mönche hatten über mich gelacht, gesagt, ich sei ein unbeholfener Ausländer, der wie ein Pferd pißt und seine wahre Natur nicht erkennen kann. Roshi hatte ihnen deswegen ordentlich Bescheid gesagt. Jeder habe die Buddha-Natur. Er erzählte ihnen, daß Joshu nicht immer ‹Mu› sagte. Manchmal sagte er ‹U›. ‹U› bedeutet alles, jeder, selbst Ausländer, die wie Pferde pissen.»

«Du sprichst nicht besonders gut Japanisch», meinte Trevor. «Bist du sicher, daß Roshi das gesagt hat?»

Ich erklärte ihm, Roshi habe Han-san zum Simultandolmetscher ernannt, Roshi sprach langsam, Han-san flüsterte die Übersetzung in mein Ohr. Es war wichtig, daß ich verstand, was Roshi sagte.

Auch Adam glaubte nicht, daß Roshi Ausländer haßte. Er glaubte nicht, daß Roshi überhaupt irgend jemanden haßte. «Das kann er nicht, er ist über jedes Wertesystem erhaben.»

Trevor, Adam und ich entwickelten schließlich eine Theorie, die uns mehr zusagte. Wir wurden von Roshi diskriminiert, gewiß, aber aus vorzüglichen Gründen. Wir waren bessere Schüler, idealistischer motiviert als die karriereorientierten Mönche, die die Entbehrungen und den Stress ihres Dreijahrespensums im Sodo nur ertrugen, um später genußsüchtige Priester in komfortablen Tempeln zu werden. Trevor und Adam als Geisteswissenschaftsstudenten, die sich im Augenblick auf japanische Religion spezialisierten, und ich, auf der Suche nach einem Heilmittel für ein Leiden, das ich beharrlich als «philosophische Neugier» definierte, waren ernsthafte und intelligente Zen-Schüler, die das Rätsel des Universums zu erforschen trachteten. Für Mönche, die bloß Priester in hübschen Tempeln werden wollten, benutzte Roshi eine Kindergartenmethode der gestaffelten Ziele, die leicht zu erreichen waren. Uns jedoch leitete Roshi auf eine schwierige, am Ende aber entschieden lohnendere Weise an, indem er uns beim Koan Mu, dem Koan Nummer eins, festhielt, anstatt zuzulassen, daß wir unsere Energie auf die kleinen Koans und einen Haufen zerstückelter Gedichte verschwendeten. Wir, die zukünftigen Maitreyas, erklommen auf direktem Weg, gelegentlich an steilen Felswänden baumelnd, den Berg Sumeru, während die Mönche dem endlos sich windenden, weit leichteren Pfad folgten.

Das war schön. Wir waren alle glücklich. Wir überstanden alle die harte Meditationswoche. Wir würden auch mit unserem Leben klarkommen. Vierzig Jahre später ging ich zu einer Gedenkfeier anläßlich von Trevors Tod. Er war Buddhist geworden und hatte eine erfolgreiche Universitätslaufbahn absolviert. Die Beatles sangen «Yellow Submarine», während wir in einer Reihe standen, um Weihrauch zu verbrennen. Auf einem rotlackierten Tisch stand sein Foto, umrahmt von Kerzen und zwei Flaschen Old Turkey, seinem Lieblingsgetränk, vor allem in späteren Jahren. Adam, jetzt ebenfalls praktizierender Buddhist, unterrichtet, schreibt und übersetzt. Ich lese seine Schriften, wenn ich mich an die Zeit erinnern will, in der ich damit beschäftigt war, mein eigenes Wesen zu schauen. Ich habe mein wahres Wesen nie gefunden. Viel später, gegen Ende der aufreibenden Jahre als Schüler

Senseis, warf dieser etwas Licht auf das Thema, indem er mir ein Koan von Meister Toso (in China bekannt als Toushuai, 1044–1091) aufgab, das «Drei Schranken»-Koan.

Du bahnst dir den Weg durch das Gras und erforschst das Prinzip, nur um in dein Wesen zu schauen.

Wo ist dein Wesen jetzt?

Es scheint, manche Koans können nur im Zorn beantwortet werden. Sich an die vielen gewichtigen Worte dieser kleinen Geschichte zu erinnern und sie durch Schneestürme und heftige Regenfälle zwischen zugigen Häusern umherzutragen fing an, mir auf die Nerven zu gehen. «Den Weg durch das Gras zu bahnen», so waren wir (Sensei und ich während vieler Sanzen-Sitzungen) übereingekommen, bedeutete, *sich von Unwissenheit befreien.* «Das Prinzip erforschen» hieß, *durch Buddhas Lehre erleuchtet zu werden.* Die Sache mit «meinem Wesen» blieb viele Monate ungeklärt. Was konnte es bedeuten? Existierte es? Wenn ja, was, um Himmels willen, sollte ich mit meinem «eigenen Wesen» anfangen? Es einrahmen und an die Wand hängen? Weihrauch vor dem Ding verbrennen? Was ist so wichtig an meinem Wesen? Schließlich dämmerte mir die Wahrheit. Wer sein eigenes Wesen sucht, ist von Anfang an verloren. Ich kann etwas Vorübergehendes finden, meine Persönlichkeit, aber wen, einschließlich mir, kümmert das? Die Persönlichkeit ist meistens langweilig und irritierend. Solange sie als höfliche Maske benutzt wird, die ein wenig liebevolle Freundlichkeit in die alltäglichen Beziehungen bringt, solange sie Rechnungen bezahlt, in angenehmer Weise die täglichen Aufgaben erfüllt, wird die Persönlichkeit ihren Dienst tun bis zu dem Tag, da der Körper, eine weitere nicht besonders wichtige und vorübergehende Manifestation, versagt und nicht mehr ist. Ich bin nicht meine Maske. Ich bin gewiß auch nicht mein Körper. Der Körper ist ein nützliches Instrument, das gewaschen und rasiert, gefüttert, freundlich behandelt werden muß, aber wir sollten uns hier nicht lächerlich machen. Er ist wirklich nicht so wichtig. Kümmern wir uns um die Langlebigkeit unseres Körpers, die Unsterblichkeit der Persönlichkeit? Finden wir es wichtig, daß unser Geist vertraute Denkmuster wiederholt? Wer ist das Wer, das etwas wichtig nimmt?

Da gibt es diese Geschichte über den Mönch mit dem ständig rastlosen Geist. Der Mönch geht zum Meister, damit dieser das verdammte Ding beruhigt. «Können Sie das tun, Sir?» – «Mal sehen, mein Freund, bring mir deinen Geist, damit ich ihn untersuchen kann.» – «Ich kann ihn nicht finden, Sir.» – «Na bitte, ich habe ihn für dich beruhigt.» Der Geist des Mönchs ist nicht mehr rastlos.

Aber all das ist ein Spiel mit Worten. Kein Geist ist jemals nicht ruhelos. Es ist das Geschäft des Geistes, immer tätig zu sein, immer über irgend etwas beunruhigt zu sein. *Ist es nicht dieses verfluchte Ding, ist es ein anderes.* Der Geist ist bloß ein Instrument wie ein Computer, um die täglichen Probleme zu analysieren, sie zu ordnen, eine Lösung zu finden. Ist das erledigt, mach ein Nickerchen, stell ihn ab. Bring ihn in den «Schlafmodus». Ich bin weder mein Computer noch mein Geist noch mein Körper. Was ist jenseits davon? Nichts. Mu. Aber Mu ist ein Wort, das verwendet wird, um das Unbeschreibliche zu beschreiben. Bis zum Äußersten getrieben, sagte ich Sensei also, er solle die ganze Sache vergessen. Und mich auch. Es gebe kein Selbst. Kein Selbst-Wesen, kein reales Wesen, kein wahres Wesen, kein Nichts. Ich sah mich im Sanzen-Raum um. «Ich kann hier bis in alle Ewigkeit mir den Weg durch das Gras bahnen und das Prinzip erforschen, und ich werde nie mein wahres Wesen schauen. Warum sollte ich überhaupt? Wen interessiert das?»

«Richtig», sagte er, «dein Wesen ist also nicht da. Das war mir klar.» Sein Lächeln wirkte müde. Es war vier Uhr morgens, ich wußte, daß er am Abend vorher auf einer Party gewesen war. Er streckte sich und gähnte. «Okay. Nächster Schritt. Laß mich morgen mit dir darüber reden, ja? Dein nächster Schritt hat mit dem Tod zu tun, einem deiner Lieblingsthemen.» Er hob abwehrend die Hand. «Mach nicht so ein bestürztes Gesicht. Du hast also nach etwas gesucht, das nicht da war. Das ist die menschliche Natur, weißt du.» Er lachte. Er wollte, daß ich auch lache.

die zweite, von Meister Toso ange-
sprochene Schranke ließ mich er-
kennen, daß ich nichts gelernt hatte. Nicht nur nichts
über das Nichts, den Kern der ganzen Zen-Angelegenheit,
sondern auch nichts über den Umgang mit Sensei. Ich
hatte mittlerweile begonnen, ihn zu verabscheuen, ich
fletschte buchstäblich die Zähne, wenn ich ihn in der Einsiedelei Trübsal verbreiten sah. Ich war nicht der einzige
derart heimgesuchte Schüler. Ein anderer Schüler kam zu
mir und bat mich, ihm eine Pistole zu leihen, damit er
Sensei töten könne. Es war bekannt, daß ich eine kleine
Sammlung von Gewehren und Seitenwaffen besaß, was
nicht sehr buddhistisch war, aber da hingen sie nun mal,
an den Dachbalken meiner Hütte, gut geölt und schußbe-
reit. Ich selbst erklärte mir den Wunsch, Waffen zu besit-
zen, als Teil des Traumas, einen Krieg erlebt zu haben. Ich
hatte deutsche Truppen in Häuser marschieren und Leute
herauszerren sehen und fürchtete, es könnte meiner Familie auch passieren. Mein Vater besaß keine Pistole, er

war ein friedlicher Mann, hatte Angst vor Gewalt und hätte wahrscheinlich zugelassen, daß Flegel in Reiterstiefeln uns in den grünen Lieferwagen stießen, den das deutsche Militär in unserem Teil der Stadt benutzte und der nie jemanden zurückbrachte. Ich dachte, ich könnte unser Haus verteidigen, wenn ich nur eine Pistole hätte und mit der Waffe umzugehen wüßte. Ich war damals zehn oder elf Jahre alt und wurde geradezu süchtig nach Waffen. Ich riß Bilder von Schußwaffen aus der Familien-Enzyklopädie und befestigte sie an der Wand über meinem Bett. Nach dem Krieg ging ich wahrscheinlich nur deshalb zur städtischen Hilfspolizei von Amsterdam, um bewaffnet und bereit zu sein. Im Nachkriegs-Holland gibt es keine Waffenläden, es werden keine Genehmigungen für den Besitz von Waffen erteilt. Als ich in Amerika sah, wie alle möglichen Arten von Seitenwaffen, Schrotflinten, Gewehre, ja sogar Sturmgewehre, frei in den Läden verkauft wurden, legte ich mir ein kleines Arsenal tödlicher Waffen zu. Jeder Gestapo-Mann, der mein Haus betritt, sollte lieber aufpassen. Aber inzwischen werde ich auch für religiös gehalten, für jemanden, der an Buddhismus interessiert ist, was zu Komplikationen führt. Da stand ein Mann an meiner Tür und machte *Gassho* (Verbeugung mit gefalteten Händen); er stellte sich als Hinayana-Buddhist vor, sagte, er sei stolz darauf, «die Vorschriften zu beachten», und würde gern hereinkommen, um sich mit einem «Zen-Autor» zu unterhalten. Zufällig hatten zwei Eichelhäher in meinem Futterhäuschen gekämpft. Der größere Vogel hatte gewonnen, und die Überreste des kleineren lagen zerrissen und blutig auf dem Moos darunter. Ich war noch nicht dazu gekommen, die Schweinerei zu beseitigen. Ich lud Mr. Hinayana zum Mittagessen ein, was sich als kleines Problem herausstellte, denn er aß nur Grünzeug und Brot, und alles, was ich hatte, waren Fleischbällchen auf Spaghetti, die ich gerade in der Mikrowelle warm machen wollte. Mein Gast hatte mein Sturmgewehr und meinen Magnum-Revolver gesehen, die gut sichtbar in ihren Halftern am Pfosten neben dem Küchentisch baumelten. Ich nahm ihn mit nach draußen, damit er sich einen Salat aus dem Garten meiner Frau aussuchen konnte. Auf dem Rückweg bemerkte er den toten Eichelhäher. «Was ist das?» – «Das ist ein Eichelhäher, mein Lieber.» (In Maine ist es in Ordnung, männliche Fremde «mein Lieber» zu nennen.) «Ich weiß, daß es ein Eichelhäher ist, aber warum ist er tot?» fragte er, Gassho zu den Überresten des Verlierers hin machend.

Mein Besucher hatte begonnen, mich zu nerven, weil er sich nicht davon abbringen ließ, daß ich ein Mystiker sei. Ich will überhaupt nichts sein. Er bestand darauf, daß ich ein Mystiker sei, weil «Sie auf der Suche nach Buddha sind». Nun, warum sollte ich auf der Suche nach einem indischen Prinzen sein? «In Ihren Gebeten», erklärte er. Glaubte er, ich würde jeden Abend niederknien und Buddha anflehen, sich in einer Vision zu zeigen? Sein Insistieren ärgerte mich wahrscheinlich auch deshalb, weil ich es vor dreißig Jahren tatsächlich schön gefunden hätte, Buddha, wie in tibetischen Schriftrollen dargestellt, auf seiner Wolke sitzen zu sehen: der freie Buddha, fernab vom unaufhörlich sich drehenden Rad der schmerzhaften Reinkarnation, das von Mara, dem Dämon des Todes, in Gang gehalten wird. «Ja», sagte Mr. Hinayana, «genau das tun Sie, wenn Sie um Seine Gnade bitten, *Buddha suchen.*»

«Nun, das tue ich nicht, mein Lieber.»

Warum war der Eichelhäher also tot? Ich erzählte ihm, daß ich mich für Vögel interessiere. Jeder Vogel, der über meinen Besitz fliegt, müsse lange genug anhalten, damit ich ihn in meinem Vogelbuch identifizieren könne. Vögel säßen jedoch niemals still, so daß ich manchmal schweren Herzens gezwungen sei, die kleinen Burschen zu erschießen, um ihre Überreste zu studieren und zu sehen, ob sie mit den Bildern in meinen Büchern übereinstimmen.

Er machte bestürzt Gassho. «Sie wollen mich verkohlen.»

Ich sagte, das wolle ich nicht.

«Sie haben dieses arme Geschöpf Gottes mit dem Maschinengewehr, das Sie da drin haben, erschossen?»

Ich sagte ihm, genau dafür besäße ich das Sturmgewehr. Ich hörte seine Reifen draußen auf dem Kies durchdrehen. Den Salat aß ich allein. Er kam nie wieder. Er wird nie erfahren, daß ich ein Mann des Friedens bin, ich habe noch nie ein Lebewesen erschossen (außer meiner zwanzig Jahre alten Katze, aber sie starb unter Qualen, und ich wollte ihr Leiden nicht noch vergrößern, indem ich sie zum Tierarzt brachte), ich bin nur zufällig schwer bewaffnet. Der Zen-Mitschüler, der sich eine Pistole ausleihen kam, wollte Sensei wegen irgendeines Skandals erschießen, der gerade offenbar geworden war. Er sei, wie er sich ausdrückte, «bodenlos enttäuscht». Der aufgebrachte Schüler meinte, er würde sich anschließend selbst erschießen und dem Sheriff in einer Nachricht mitteilen, daß es meine Pistole sei und er sie mir nach Abschluß der Untersuchung zurückgeben solle. Ich riet ihm, sich eine eigene Pistole zu kaufen, aber er hatte den Rahmen seiner Kreditkarte erschöpft. Er appellierte an meine Freundschaft. «Bitte, Bruder.» Ich sah ihm in die Augen und brüllte: «Nein!» Danach versteckte ich meine Waffen, denn ich erinnerte mich, was meine Amsterdamer Polizeistudien mich über «psychotisches Verhalten in isolierten religiösen Gruppen» gelehrt hatten. Ich warnte Sensei. «Du wirst von einem Wahnsinnigen erschossen werden.» Er meinte, ich solle mir keine Sorgen machen, es sei Zeit, mein Zen-Studium fortzusetzen. Ich war eine Zeitlang weg gewesen, und er hatte mir nicht, wie versprochen, mein neues Koan gegeben, nachdem ich die Frage, wo ich hinsehen müsse, «um in mein Wesen zu schauen», vermutlich geknackt hatte. Es traf mich das zweite Rätsel, das Toso aufgegeben hatte.

Erkennst du dein eigenes Wesen, wirst du von «Geburt und Tod» frei sein. Wenn deine Sinne verschwunden sind, wie befreist du dich dann?

Ich erkannte, daß ich jetzt der Eichelhäher war, der verlor. Dieses Koan hatte etwas mit dem Spiel zu tun, das bald aus wäre. Jeder über vierzig weiß, wie schnell die Zeit in der zweiten Hälfte verfliegt, ich war damals fünfzig. Würde ich ruhig sterben, bei vollem Bewußtsein, völlig gelassen, lächelnd, den endgültigen Witz der Dinge erkennend? Wer würde dieses Ich sein, das ich wäre, wenn der Knochenmann mit zischender Sense daherkäme? Warum nicht? Wahrscheinlich wäre ich ohnehin voller Morphium. In meiner Familie sterben die Leute überwiegend an Krebs. Ich legte mich also friedlich auf den Boden des Sanzen-Raums, verschränkte die Hände über meiner Brust, lächelte und befreite mich von dem krebsbefallenen Körper. Ich hätte wissen müssen, daß es da noch eine Falle gab. Sensei, auf dem Sanzen-Thron, klingelte wütend mit seinem Glöckchen und kreischte: «Raus! Raus!» Wieder hatte ich keine Gelegenheit, mich zum Zeichen der Ehrerbietung für den wegweisenden Buddha auszustrecken. «Raus! RAUS!»

Böser Cop, guter Cop. Roshi war eindeutig der gute Cop gewesen. Wahrscheinlich war es Schauspielerei. Durchaus möglich, daß sich kein guter Lehrer für die Persönlichkeit seines Schülers interessiert. Ziel des Meisters ist es, den egozentrischen Faulpelz so weit zu bringen, daß er aufhört, sich mit seinen Masken aufzuspielen. Von einigen der Mönche erfuhr ich, wie wild der «alte Mann» werden konnte und wie er sie mit seinem kurzen, durch die Luft zischenden Eichenstock wirklich verletzte, wenn ihre Ignoranz, Halsstarrigkeit oder Langsamkeit das Koan-Studium behinderte. Mir gegenüber war er immer die Freundlichkeit in Person, er tat alles nur Erdenkliche, um mir auf meinem einsamen Weg in einem ausländischen Kloster, wo ich durch mangelnde Sprachkenntnisse gehemmt war, wo ich wegen schlechter Ernährung krank wurde (er sorgte dafür, daß ich in den Restaurants des Viertels gelegentliche Mahlzeiten erhielt), beratend zur Seite zu stehen. Mein Trinken erwähnte er nicht einmal.

Ich schwöre, daß Roshi amüsiert war, als ich spät von einer Party, mit der das Ende einer Meditationswoche gefeiert wurde, nach Hause kam und mit meinen schmutzigen Stiefeln in das Schlafzimmer des Vorstehers stürzte, die vorderen und hinteren papierbespannten Holzgitterwände zerstörte, indem ich durch sie hindurchging, über seinen Körper stolperte und das Glas umstieß, in dem er seine Zähne aufbewahrte. Ich erfuhr, daß der Klostervorsteher am nächsten Tag eine ernsthafte Anstrengung unternahm, den Tempel von meiner Anwesenheit zu befreien, aber Roshi lachte nur. Han-sans Kommentar war, daß Roshi mich als Mahlstein benutzte, um den Geist des Vorstehers zu glätten. «Du siehst also, du bist nützlich», erklärte Han-san. «Man nennt das, eine Requisite auf der Bühne des negativen Lehrens sein.»

Sensei war gut im negativen Lehren. Es gab nichts an seiner täglichen Routine, was den Wunsch in mir geweckt hätte, sein Verhalten nachzuahmen. Er war hinterlistig und verschlagen. Er rief mich einmal in sein Haus, als ich gerade vorbeiging, und ließ mich auf dem Boden seiner Küche Platz nehmen. Er goß mir eine abgestandene kalte Tasse Tee ein und warf mir einen Keks zu, der schon bessere

Tage gesehen hatte. Er machte ein sehr ernstes Gesicht. «Du hast mich enttäuscht. Du bist ein Ärgernis mit deinem Einschlafen im Zendo. Was willst du dagegen tun?»

Ich schlug vor, ich könnte ja fortgehen. Das hatte ich sowieso vor, aber das sagte ich nicht. Da war immer noch das Argument, daß mein Karma mich an diesen Ort geführt hatte und daß ich die Herausforderung annehmen sollte, anstatt davonzulaufen. Da war aber auch das Argument, daß dieser Ort in einem schlimmen Zustand war und daß die paar Schüler, die ich bewundert hatte, schon vor langer Zeit gegangen waren. Wozu harrte ich aus? Sensei, mit all seinen persönlichen Problemen, litt an krankhaftem Egoismus, warum glaubte ich also immer noch an seine überlegenen Fähigkeiten?

Sensei faltete die Hände und blickte zur Decke. Fortgehen? Ich? Sein Nachfolger? Was für ein Blödsinn war das? Hatte ich kein Gefühl für Verpflichtung? Wußte ich nicht, daß er mich dazu bestimmt hatte, seine Nachfolge anzutreten? Die Einsiedelei zu leiten? Der nächste Lehrer zu sein in seiner erhabenen Linie weißen Lichts, das bis zu Buddhas einsichtsvollem Schüler, dem Inder Daruma, 450 vor Christus, zurückreichte?

Entsetzt über den Gedanken, jemandes Nachfolger zu werden, den ich als Lehrer inzwischen für einen Versager hielt – einer von vielen, die vom Weg abgekommen waren –, verließ ich Tee und Plätzchen und Senseis gütige, wenn auch fordernde Gegenwart. Damals wußte ich noch nicht, daß er diesen Trick im Laufe der Zeit schon bei jedem der Schüler angewandt hatte. Er tat dabei so, als sei seine Wahl des Tages der Auserwählte, wies jedoch gleichzeitig darauf hin, daß der Kronprinz oder die Kronprinzessin noch ernsthafte Mängel hätte, und drängte den potentiellen Nachfolger, sich zu bessern, damit er schon bald den Sanzen-Thron übernehmen könne.

In jener Nacht erschien mir Roshi im Traum, er sah so gepflegt aus wie vor zwanzig Jahren in Kioto, als ich ihn zuletzt gesehen hatte. Er schien zu gehen, aber ich sah, daß seine Füße sich ein paar Zentimeter über meinem Rasen befanden. Ich erhob mich eilig und verneigte mich, doch er tat meine Ehrerbietung mit einer Handbewegung ab und fragte, was los sei. «Alles ist los, Sir», sagte ich und begann einen unbeholfenen Bericht über Senseis Verfehlungen. Roshi schien nicht beunruhigt zu sein. «Bißchen starr», sagte er. «Ja, da hast du recht, ein bißchen starr vielleicht.» – «Starr?» Ich war außer mir. «Locker, Sir. Lockere Sitten. Sensei wirft alle zum Schutz der Schüler gedachten Regeln über Bord. Nur seine Spezis erhalten regelmäßig Sanzen, und die Liste der Bevorzugten ändert sich jeden Monat. Er spielt Machtspiele. Wir betrachten uns mit gegenseitigem Mißtrauen. Erinnern Sie sich, wie in Japan jeder Schüler, selbst der geringste Laie, sogar ich, im Zendo mit dem Stock die Runde machen durfte, um die Schläfrigen zu schlagen? War das nicht eine gute Regel? Auf diese Weise schlugen wir nicht zu fest, denn der, den wir schlugen, wäre seinerseits bald an der Reihe gewesen, uns zu schlagen. Sensei jedoch läßt nur seine engen Kumpel den Stock tragen, so daß sie uns auf Teufel komm raus verprügeln können, Sir, und wir nie eine Chance erhalten, uns zu rächen. Ich war schon versucht, den Scheißkerlen draußen aufzulauern, mit einem Baseballschläger.»

Roshi lächelte. «Wie ich schon sagte. Ein bißchen starr. Komm mit.» Er winkte mich herbei.

Er schwebte voraus. Wir verließen zuerst den Rasen, dann das kleine Waldstück, das hinter meinem Haus lag. Wir gingen ein paar Felder entlang und steuerten auf den Zendo zu. Der Zendo war nicht da, statt dessen sah ich eine riesige dunkle Festung mit Wachtürmen aus Granit.

Roshi sah über seine Schulter. «Stadt des Buddhistischen Dogmas, wie findest du sie?» Bevor ich ihm jedoch sagen konnte, daß der Ort abschreckend auf mich wirkte, so häßlich wie manche der holländischen reformierten Kirchen, die ich als Kind in meiner Heimat gesehen hatte, entdeckte ich einen goldenen Fleck an einer der riesigen Festungsmauern. Als wir uns näherten, entpuppte sich der glänzende Fleck als eine Art Zelt, ein zartes, an der Mauer befestigtes Gebilde. Es bestand aus verschmutztem Brokat. Irgendwie wußte ich, daß es Senseis Aufenthaltsort war, und ich sagte es Roshi. «Laß uns hineingehen», meinte er, doch ich bat um Erlaubnis, zuerst eintreten und aufräumen zu dürfen. Ich glaube, ich schämte mich der Gedankenkraft von Sensei, die diesen Jahrmarkthorror geschaffen hatte. Im Innern sah ich dreckige und zerrissene Kissen aus billigem gelbem Kunststoff unter Pornobildern, die aus Zeitschriften gerissen und mit Klebestreifen an den Wänden befestigt worden waren. Ich begann sie herunterzureißen und wollte die Kissen ordnen, aber es waren zu viele Bilder und Kissen da. Roshi stand im Zelteingang. «Ein bißchen starr», sagte er wieder. Als ich das Zelt verließ, fuhr ein starker Wind herab und riß das Zelt von der Wand. Es flatterte in Richtung Atlantik und verschwand. Die Festung stand noch, eine Bastion schweigender Stärke. «Glaubst du, das Zelt hätte das buddhistische Dogma beschmutzen können?» fragte Roshi. Ich trat gegen die Wand und sagte: «Ich wünschte, es hätte es, Sir. Was ist das für ein Dogma?» – «Sieh mal», sagte Roshi. Mein leichter Tritt ließ die Wand zusammenbrechen. Das ganze Gebilde schwankte und stürzte ein. «*Yosh*?» fragte Roshi. Ich dankte ihm. Er sagte: «Keine Ursache», aber er habe nichts mit meiner Befreiung zu tun. Es wäre sowieso geschehen. Ich hätte ihn mir ausgedacht, damit er einen Weg bestätige, den ich ohnehin gegangen wäre. «Aber Sie sind mir weit überlegen, nicht wahr, Sir?» Ich dachte, er würde sagen: «Aber wer bist du, Jansan?», doch er lächelte und schwebte davon, freundlich, still, nicht flatternd und wild wie Senseis Zelt.

Sensei war noch da, und das Koan war noch da. Das Koan handelte vom Tod. Wie geht man mit dem Tod um? Ich hatte das Nichtsein meines Wesens erkannt, wie würde ich also sterben, jetzt, da ich über all diese innere Distanz verfügte?

Als ich Sensei wieder gegenübertrat, war ich gereizt, wie es bei unseren Begegnungen jetzt üblich war. Ich sollte jetzt sterben?

Dieser Dummkopf wird sterben, dachte Sensei, das ist das einzige, dessen sich der Idiot sicher sein kann. Er wird sich selbst verlieren, alles, was sein Ichsein ausmacht. Den neuen Lastwagen, mit dem er geprahlt hat, wird ein anderer fahren, sobald der Körper, den er gewaschen und rasiert und trainiert hat, samt dem Geist, dem er Tricks beigebracht hat, mit Anstand beseitigt worden ist. Er wird genauso erschrocken sein wie jeder andere, wenn der Tod ihn angrinst. Aber wird unser kluger Freund das zugeben? Und ist ihm klargeworden, daß es zu Meister Tosos Zeit kein Morphium gab, daß Opium erst mit den Briten nach China kam, daß Sterben immer noch eine qualvolle Angelegenheit war?

Unter dem Druck langer Stunden im Zendo und der Mühsal, in der Arbeitspause auf Senseis unproduktiver Farm ein abschüssiges Feld zu mähen, verlor ich völlig die Kontrolle, als Senseis Stock mich wieder antrieb, während er mich die oft wiederholte Frage stellen ließ.

Erkennst du dein eigenes Wesen, wirst du von «Geburt und Tod» frei sein. Wenn deine Sinne verschwunden sind, wie befreist du dich dann?

Ich fiel seitwärts aus meiner hockenden Position, rollte

über den Fußboden, jammerte laut, schlug mit Füßen und Händen auf den Boden, verfluchte meinen Dämon auf holländisch.

«Okay», sagte Sensei, aber damit war das Problem noch nicht erschöpft. Nun zur dritten Schranke, von der Meister Toso gesprochen hatte. Auslöschung. Wie war es damit? Was wäre, wenn ich meine Ichheit aufgäbe? Wohin gehst du dann?

9   Es gibt viele kleine Enden

enn du von Leben und Tod befreit bist, weißt du, wohin du gehst. Aber wenn die vier Elemente zerfallen, wohin gehst du dann?

Das vertraute Palaver ging wieder los. Wovon war hier die Rede? Es war die Zeit der Kriebelmücken, und das bösartige Insekt vermehrte sich unaufhörlich in dem feuchten Gelände, das die Einsiedelei umgab, flog in den Zendo und fügte unserem entblößten Fleisch schmerzhafte Bisse zu. Blut sickerte, und Wunden entzündeten sich unter aufgedunsener Haut. Man durfte sich nicht bewegen, kratzen oder vor sich hin murmeln, sonst krachte einem der *Keisaku*, der Zedernstock, mit dem des Lehrers Spezi auf leisen Sohlen herumschlich, auf die Schultern und ließ einen den nie nachlassenden Zorn des Bodhisattwa Manjusri fühlen, dessen Bildnis auf dem Altar stand, starr geradeaus blickend, ewig verärgert über den langsamen Fortschritt der Meditierenden in Zendos, die seiner Kontrolle anvertraut waren. Die Statue war brandneu, hergestellt in einer taiwanesischen Fabrik, wo religiöse Skulpturen von Arbeitern mit farblich kodierten Hüten im Takt an Fließbändern geschnitzt wurden. Sie war grell bemalt. In Japan lag auf den Bildnissen immer der Staub des Antiken, sanfte Tönungen, die Patina der Zeit, doch in vielen westlichen Tempeln ist eine primitive Neuheit zu beobachten. Mir haben immer die Listen der Vorschriften gefallen, die ehrfürchtig an antike japanische Tempeltüren geklebt waren, peinlich genau in magischen Kanji kalligraphiert. Da ich nur wenige Schriftzeichen dieser Botschaften verstehen konnte, strahlten sie etwas Märchenhaftes, Zauberhaftes aus. Die Mitteilungen in der amerikanischen Einsiedelei waren gewöhnlich an krummen Brettern befestigt und mit Kugelschreiber geschrieben; sie übermittelten Botschaften wie «Keine Fahrzeugleichen mehr hinter der Scheune abstellen, alles entfernen, was JETZT dort ist» oder «Am Dienstag Scheiße-Schubkarren-Patrouillen zu allen Außenaborten, keine Freiwilligen, damit bist DU gemeint, um vier Uhr morgens versammeln». Sie waren stets mit «Sensei» unterzeichnet, in einer unregelmäßigen, abfallenden Schrift – sie erinnerte mich an von einem heftigen Unwetter verwüstete Rohrkolben, die um seinen Teich herumstanden. Den Teich mochte ich auch nicht, Sensei hielt dort streitsüchtige Gänse, die auf den Gehweg außen am Sanzen-Haus kackten. Erst wurde man von Rätseln verwirrt, dann rutschte man auf grünem Schleim aus. Während der Zeit, in der ich am «Auslöschungs»-Koan arbeitete, war der Tod überall. Ein Schwanenpaar, gekauft mit dem Gedanken, daß ihre vornehme Anwesenheit dem Teich mehr Würde verleihen würde, wurde von den Gänsen bedrängt. Eines Morgens fanden wir ihre weißen Leichen auf der Algensuppe schwimmend. Eine Invasion riesiger sterbender Fliegen erfüllte den Zendo mit einem schwachen, tiefen Brummen, den Insekten gefiel es, auf unseren nach oben gedrehten nackten Fußsohlen zu sterben. Ein Bär tötete ein Kalb und kaute in den Büschen hinter dem Sanzen-Haus darauf herum, das geräuschvolle Kauen und Schmatzen hob unsere Stimmung nicht.

Die vier Elemente – ich hatte keine Ahnung, was Meister Toso damit meinte. Die vier Elemente haben sich aufgelöst? Keine Luft, kein Wasser, kein Feuer, keine Erde mehr? Eine vorsintflutliche globale Erwärmung hatte den Planeten in seinem galaktischen Topf verkochen lassen? Ah, schließlich kapierte ich. Es bezog sich auf meinen eigenen toten Körper. Mein Körper, bestehend aus Luft, Wasser, Feuer und Erde, ist zerfallen. Jahrelang hat er, in seiner unglaublichen Komplexität, seine Arbeit getan, aber dann hat irgendeine Mikrobe ein irreparables Ungleichgewicht verursacht, oder eine Kugel oder ein Messer hat ein lebenswichtiges Organ zerstört, oder es sind Krebszellen gewachsen, oder vielleicht habe ich ihn in einem Anfall von endgültigem Überdruß aufgehängt. Was auch geschehen ist, der Organismus arbeitet nicht mehr. Im vorigen Kapitel hat der Zen-Schüler zugegeben, daß er in seinen letzten Momenten in Panik gerät, doch das ist jetzt alles vorbei. Der Akt des physischen Sterbens ist vollendet. Was nun?

«Also?» fragte ich Sensei.

«Sag du es mir», rief Sensei, klingelte mit seinem Glöckchen und wies auf die Tür. «Beim nächstenmal. Ich sitze einfach hier, werde rätselhaft sein, verdammt. Das ist mein Teil der Abmachung. *Du* kannst reden. Frei von Geburt und Tod, du kennst deine Bestimmung, wohin gehst du, jetzt, da dein Körper fort ist? Sag's mir!»

Ich konnte reden. Worüber würde ich also reden? Das «Auslöschungs»-Gespräch mit Sensei erinnerte mich an eine Begegnung mit einem hohen Zen-Priester in Kioto, zwanzig Jahre zuvor. Bis zu dem Augenblick hatte ich Sa-

ba-san nur von einem gesellschaftlichen Anlaß her gekannt; ich war seiner imposanten Erscheinung (er sah wie
ein Edelmann auf einem antiken Holzdruck aus) auf einer
Cocktailparty im Moosgarten eines von einem amerikanischen Zen-Priester geführten Tempels vorgestellt worden.
Abt Saba war ein Aristokrat, groß, mit Adlernase und ar-
rogant gehobenen, buschigen Augenbrauen. Er schrieb
eine Kolumne über Kunst in einer prominenten Kiotoer
Zeitung. Es hieß, er habe eines der schönsten buddhistischen Gebäude der Stadt in seiner Obhut, mit Kunstschät-
zen im Wert von vielen Millionen Dollar. An dem Tag, an
dem ich ihn in einem billigen Restaurant in der Stadt traf,
sah er ganz anders aus als bei unserer ersten Begegnung.
Ich hätte die zerknitterte Gestalt in einer einfachen Lei-
nenrobe ohne Zen-Lätzchen und andere Verzierungen
nicht erkannt, wenn Saba-san nicht gewunken und mich
an seinen Tisch gerufen hätte. Er schaufelte sich Nudeln in
den Mund, aber die meisten fielen wieder heraus. Er sah
mich verzweifelt an, ließ die Eßstäbchen sinken, gab der
Kellnerin ein Zeichen, ihm ihren Stift und ihr Notizbuch
zu leihen, und schrieb *Zahnarzt* auf englisch. Ich verstand,
daß Saba-san seine Zähne hatte behandeln lassen. Er war
voll mit Novacain. Seine Lippen waren taub. Armer Kerl.
Er schrieb: *Was machst du hier?* Ich suchte die Zentrale der
Nippon Bank, wo etwas Geld, das meine holländische
Bank geschickt hatte, auf mich wartete, aber ich wußte
nicht genau, wo die Bank war. Nachdem ich mit der Stra-
ßenbahn in das richtige Viertel gelangt war, hatte ich bemerkt, daß es Zeit zum Mittagessen war, und mich zufällig
in dasselbe Restaurant verirrt wie der Abt Saba. Ich nahm
den Block und schrieb die Zeichen für *Nippon Bank. Nein*,
schrieb Saba-san, *du kannst reden*. Ich redete. «Die Nippon
Bank, wo ist die?»

Er stand auf, versuchte Rauch aus seiner Zigarette zu

saugen, drückte dann heftig den Stummel aus, legte mir einen Arm um die Schulter, schob mich zum Fenster des Restaurants und deutete über die Straße. Ich las NIPPON BANK in riesigen roten Neonbuchstaben, die beharrlich aufleuchteten. Ich dankte ihm. Er nickte und schlurfte zu seinen Nudeln und seinen eingelegten Gurken zurück.

Es geschah nicht oft, daß ich erfahrenen, Englisch sprechenden, in diesem Fall *schreibenden*, Zen-Priestern mit, wie ich erwarten durfte, umfassender Kenntnis buddhistischer Symbole begegnete. Da Saba-san einen recht freundlichen Eindruck machte und offensichtlich bereit war, sich von dem Unbehagen, das durch das Ziehen mehrerer Backenzähne verursacht worden war, ablenken zu lassen, setzte ich mich zu ihm und bestellte ebenfalls Nudeln. In der Annahme, bei der Bank warten zu müssen, hatte ich ein Taschenbuch über buddhistische Kunst mitgenommen. Ich zeigte Saba-san ein Bild, das mich beunruhigt hatte. Ein Rollbild zeigte den monströsen Dämon Mara, der auf dem Kopf eine Krone aus grinsenden Schädeln trägt und mit langen klauenartigen Fingern und Zehen ein in Segmente unterteiltes Rad hält. Der äußere Rand des Rads besteht aus leuchtend orangefarbenen und roten Flammen. Jedes Segment ist mit einer kunstvoll gearbeiteten Miniatur ausgefüllt. An der Radnabe drehen ein Hahn, ein Schwein und eine Schlange das Rad der Reinkarnation um seine Achse. Manche Segmente zeigen normale Leute, die «ihr Leben leben», ihren rechtmäßigen Geschäften nachgehen, auf dem Feld arbeiten, einkaufen, reisen, Geschirr spülen, aber es gibt auch Höllen, wo Gefangene in eisiges Wasser getaucht, auf Feuern geröstet oder von grinsenden Monstern mißhandelt werden, und es gibt Himmel, wo viel gegessen, getrunken, musiziert und getanzt wird, ja sogar unverhülltes Liebesspiel stattfindet. Es gibt Tiersegmente, wo Schafe mit

Löwen umherspringen und Pelikane mit Fischen Ballett tanzen. Ich zeigte das Rad Saba-san, der *Leben* schrieb. «Samsara?» fragte ich, ein Sanskrit-Ausdruck, der für «Leben», aber auch für «Illusion» steht. Er nickte. Er schrieb: *Leidvoll.* Ich deutete auf die fröhlichen Szenen und fragte, warum auch sie in dem sich drehenden Rad gefangen seien. Sollte nicht der Himmel, nach der Befreiung von der Reinkarnation, so frei sein wie das Bild von Buddha, der weit weg vom sich drehenden Rad lächelnd auf einer Wolke saß? Saba-san schüttelte den Kopf. Er schrieb: *Himmel auch leidvoll.* Er zog ein Plastikfläschchen aus seinem Ärmel, schüttelte ein paar Schmerztabletten heraus und schluckte sie mit einem Mundvoll Sake aus einem angeschlagenen Krug. Leidvoll? Wieso? Ich deutete auf die höheren Wesen, die zum Klang von Trommeln, gespielt von einer Kurtisane, Schaumpfeifen rauchten. Was ist so leidvoll am Zechen? *Es hört auf,* schrieb Saba-san. Er deutete auf die drei Ich-Dämonen, die das Rad von Geburt und Tod in Bewegung hielten, auf den selbstgefälligen Stolz des Hahns, das dumme, faule Beharren des gierigen Schweins, den ewigen Neid der gefräßigen Schlange. Ich sah, daß das nächste Segment des Rads eine Hölle für Spieler und Drogensüchtige war. Ich studierte ein Segment, das zeigte, wie Firmenangestellte fünf Stunden täglich mit Geschäften zubringen, alleinerziehende Eltern Werbespots ansehen, Familientreffen an traditionellen Feiertagen in Handgreiflichkeiten und Zerwürfnissen enden. Da war ein Segment, in dem junge Leute ihre Jugend feierten – schnelle Autos, leidenschaftliche Augenblicke, Zigaretten und Sex, Drogen, mit Wodka versetzte Sodas. *Vergnügen dauert auch nicht ewig,* schrieb Saba-san. Er wies auf den frei dahinfliegenden Buddha, Meilen entfernt vom sich drehenden Flammenrad. *Nur Nirwana für immer.* Er bezahlte seine Rechnung, meine auch, und brach auf, er sah immer noch zerknittert aus. An der Tür blieb er stehen und deutete wieder auf die großen Neonbuchstaben der Nippon Bank, den Ort meiner Unterhaltsquelle, um sich zu vergewissern, daß ich wenigstens das verstanden hatte, dann kam er wieder zurück und ließ mich mein Kunstbuch noch einmal öffnen. Sein langer kunstverständiger Finger deutete auf winzige, frei dahinschwebende Buddhas im Innern der Abteile des Lebensrades. Er versuchte das Wort «drinnen» zu sagen, doch seine Lippen waren zu ungelenk, also mußte er sich wieder Block und Stift der Kellnerin besorgen. *Auch drinnen,* schrieb er. «Hai», sagte ich, obwohl ich das überhaupt nicht verstand. Ein Buddha in einem Bordell? Ein Buddha in einer Folterkammer der Polizei der Dritten Welt? Ein Buddha in einem langsam dahingleitenden Kompaktwagen, der zielstrebig auf ein Stadtgebäude zusteuert, in dem für die Dauer eines Arbeitstages ein Computerbildschirm angestarrt werden soll? Dazwischen Fast-food-Mahlzeiten und vielleicht eine Zigarette außerhalb des Gebäudes? Saba-san war wieder auf dem Weg nach draußen, kam aber, wild gestikulierend, noch einmal zurück. *Drinnen. Draußen.* Alles dasselbe. Leere ist Form, Form ist Leere. Entkommen aus jedem der Segmente des Rades ist möglich, der Buddha ist immer da, Nirwana, reines Sein, die Realität unter der dünnen Oberfläche des in die Illusion verstrickten Ichs, Samsara. Saba-san kam ein letztes Mal zurück und schrieb: *Frei,* bevor er auf alle Buddhas in meinem Bild wies, auf jeden einzeln, während Speichel zwischen seinen tauben Lippen hervortropfte.

Frei in der Hölle, frei im Himmel, frei sogar hier, in dem Restaurant, wo sie schlaffe Nudeln und lauwarmen Sake servierten. Laß dich nicht von Äußerlichkeiten täuschen.

Zwanzig Jahre später starb der Hohepriester Saba an Emphysemen und einer schlecht funktionierenden Leber.

117

Ein japanischer Bekannter sagte: «Er hat seinen Körper jahrelang getötet, nie damit aufgehört, immer getrunken, immer geraucht.» – «Aber er war erleuchtet?» fragte ich. «Sicher», erwiderte Sabas Fan, «frei von Geburt und Tod kannte Abt Saba sein wahres Wesen.»

Wohin ging Saba-san, als seine vier Elemente zerfielen? Gab es einen Ort, wo er hingehen konnte? Oder konnte er, nachdem er alles wußte, sich nur hinlegen und einen dysfunktionalen Körper aufgeben?

Meine Antwort an Sensei, die überwiegend der Schläfrigkeit entsprang, bestand darin, mich auf den Boden des Sanzen-Raums zu legen, meine Augenlider ein letztes Mal flattern zu lassen und das Todesröcheln eines alten Mannes zu imitieren. Der Körper ist tot, laß die Käfer, die Geier, das Feuer ihn verzehren. Es ist mir gleichgültig. Ich war nie dort.

«Das Ende?» fragte Sensei. «Du bist jetzt ganz hinüber?»

Ich gab ihm dieselbe Antwort, die er mir gegeben hatte, als er vor nicht allzu langer Zeit erfuhr, daß meine Mutter gestorben war. Ich irrte damals in meiner Hütte umher, packte Trauerkleidung in einen Koffer und bereitete mich auf den Flug nach Holland vor, um einem ausgetrockneten, neunundachtzig Jahre alten Körper, der, in der Sicherheit eines Heims für kranke Alte, eine beträchtliche Zeit von einem verrückten Geist bewegt worden war, meine Achtung zu erweisen. Trotzdem war das Bewußtsein, daß sie nicht mehr da war, ein Schock. Ich hatte sie von Zeit zu Zeit besucht. Wir hatten Postkarten ausgetauscht. Manchmal, wenn sie einen klaren Moment hatte und sich daran erinnerte, daß sie mich gern hatte, telefonierte sie mit mir. Keine besorgten Telefongespräche mehr. Sensei kam herein, umarmte mich und sagte: «Es gibt viele kleine Enden, es gibt keine großen Enden.»

O sten ist Osten», sagte Kipling, «Westen ist Westen, und die beiden werden nie zusammenkommen.» Selbst dieses berühmte Zitat ist inzwischen leicht überholt. Der Osten ist mit dem Westen zusammengekommen, und die Tändelei, mag sie auch manchmal feindselig sein, hat zur Entstehung von Toyota, japanischem Jazz, einem Film, der die Talente von Lee Marvin und Toshiro Mifune in Einklang bringt, und zu viel besseren Fernsehgeräten geführt. Mein Nachbar in Maine dankt Hondas Konkurrenz für die Tatsache, daß sein fünf Jahre alter Ford nicht klappert. («Früher taten sie das nämlich, diese Fords, aber jetzt nicht, jetzt nicht mehr. Dank den Japsen. Ich habe im Pazifik gegen sie gekämpft. Clevere Burschen, meinst du nicht auch?») Wenn der Yen bebt, kriegen Dollar und Euro das Zittern. Mein Bootshut, made in China, trägt den Slogan «Achtung vor Importen». Es gibt einen wachsenden Austausch von Touristen. Verwandte Ideen reifen in entgegengesetzten Hemisphären, und E-Mail stärkt die

Zusammenarbeit. Wenn der Dalai Lama lächelt, bellen die Seehunde an meiner Küste. *Wenn der Dalai Lama lächelt, bellen die Seehunde an meiner Küste.* Das ist ein Koan. Immer, wenn in seiner Einsiedelei etwas falsch lief, hielt Sensei inne, rieb sich die Nase und sagte: «Es gibt ein Koan darüber, wie ging es doch gleich?» In diesem Fall redete er über alles, was irgendwie in einem Zusammenhang damit stand. Wie war das doch gleich? Er hielt nichts von Improvisationen. Exaktes Zitieren lautete die Vorschrift. *Ein Polarbär furzt, Spatzen fallen in Kioto vom Dach.*

Das «Nichts», Mu, begegnete mir zum erstenmal, als ich David Hume (1711–1776), einen schottischen Philosophen, las. Hume, ein erfolgreicher Lehrer, war der Autor von «Die Geschichte Englands», einem Standardtext in den englischen Schulen des achtzehnten Jahrhunderts. Hume übte auch die Tätigkeit eines geachteten Regierungsbeamten aus, der, in einer Zeit unvermindert entschlossenen christlichen Denkens, brillant konstruierte Theorien veröffentlichte, die die Realität des Universums untergruben. Das Wissen über Realität, so behauptete Hume, stammt aus Beobachtung und Erfahrung. Deine Beobachtungen und Erfahrungen sind deine, verschieden, nicht meine. Meine Wahrnehmungen sind nicht deine, sie sind exakt nichts anderes als *meine* Wahrnehmungen. Wenn du und ich in unseren Beobachtungen übereinstimmen, sind deine Beobachtungen immer noch deine und meine immer noch meine, und unsere gemeinsame Anstrengung beweist immer noch nicht eine unseren gemeinsamen Wahrnehmungen zugrundeliegende Realität. Es ist aber auch nicht so, daß wir beide unrecht haben, es ist weder das eine noch das andere. Was bin ich anderes als deine Sinneswahrnehmung dessen, was du «mich» nennst? Und, verwirrenderweise, umgekehrt?

Wir haben uns nicht gegenseitig erfunden, wir haben

uns nicht gegenseitig falsch wahrgenommen, wir haben uns einfach Vorstellungen voneinander gemacht, die nicht real sind. Was *ist* also real? Wahrscheinlich, vermutete Hume, sehr wahrscheinlich – nichts. Vielleicht, meinte er abschließend, ist nur eine Leere, *die* Leere, die unsere Vorstellungen enthält, real.

Die Kirche verdammte Humes Denken als gänzlich ketzerisch, und er konnte an keiner der schottischen Universitäten Professor werden, doch seine «Essays» (1741), die moralischen und politischen Essays, trugen ihm internationalen Beifall ein und verschafften ihm so viel Ansehen, daß er zu einem hohen politischen Amt ernannt wurde. Seine gewichtigen Negationen erwiesen sich sowohl für die Gesellschaft, der er gewissenhaft diente, wie auch für ihn selbst als vorteilhaft. Als er im Alter von fünfundsechzig Jahren an Darmkrebs starb, schrieb er seinen Freunden fröhlich: «Ich rechne jetzt mit einer zügigen Auflösung ... wenn ein Mann meines Alters stirbt, versäumt er nur ein paar Jahre kränklichen Siechtums.»

Warum deprimierte ihn die Abwesenheit von Realität nicht? Vielleicht weil er dadurch, daß er die Realität seines Ichs leugnete, wenig Bedürfnisse hatte. Er spielte gern Backgammon, freute sich, wenn das Feuer in seinem Kamin prasselte und er ein Schlückchen Glühwein trinken konnte, und seine Studien des Nichts waren für ihn «die beherrschende Leidenschaft meines Lebens und die größte Quelle meiner Vergnügungen». David Humes Vermutung, daß alles, der Hund eingeschlossen, keine Realität besitze, sondern Teil einer großartigen Leere sei, machte es für Roshi ein paar Jahre später leicht, mich aufzufordern, ich solle lernen, die «Leere zu durchstreifen» wie der Bodhisattwa Avalokiteshvara, von dem das Herz-Sutra berichtet, daß er eine Reise in das tiefe *Prajnaparamita* (vollkommenes Verständnis) unternahm. Ich erklärte

Hume, aber der war tot, und Roshi, der damals noch lebte, daß die Leere ihrer Ideen mich ängstige, daß, wenn ich nichts in einer grenzenlosen Leere sei, ich vielleicht einsam wäre. Roshi lachte und berührte meinen Kopf mit seinem kurzen schweren Stock, während er in einem vereinfachten Kindergartenjapanisch, das er für unsere Kommunikation entwickelt hatte, mit mir sprach. «Nicht leer, Jan-san, in der Leere ist ziemlich viel los. Alle anderen Buddhas leben dort auch. Wir alle haben jetzt viel Spaß.»

Nur zu wahr, ich amüsiere mich gut, wenn ich versuche, loszulassen und die Leere zu durchstreifen. Was *ist*, kann sehr irritierend sein, was *nicht ist*, ist besänftigend. Als ich klein war, pflegte ein Onkel sich mit einem Bettuch zu verkleiden, in der Dunkelheit meines Schlafzimmers umherzustolzieren und sonderbare Geräusche zu machen. Die Anwesenheit des Gespenstes ließ mich daran zweifeln, ob es gerecht war, ein kleiner Junge auf einem feindseligen Planeten sein zu müssen. Dann ließ das Gespenst das Bettuch fallen, knipste das Licht an und war mein Onkel. Die Situation hatte sich verbessert, aber ich zweifelte immer noch daran, ob es gerecht war, ein kleiner Junge auf einem feindseligen Planeten sein zu müssen, wo ein Gespenst sich in das Arschloch von meinem Onkel verwandelt. Anschließend verließen beide den Raum, und das Nichts, das an die Stelle der beiden trat, verschaffte mir ein viel besseres Gefühl. «Was willst du werden?» fragt der Patriarch seinen Ururenkel, als der Knabe seiner erhabenen Person vorgestellt wird. Dem Kind, das später Hakuin, der Reformer der japanischen Zen-Linie, sein wird, gefällt der ausgeübte Druck nicht, und es präsentiert eine neunmalkluge Antwort: «Ich will nichts werden, Ururgroßpapa.» Doch der zukünftige berühmte Weise ist nicht der einzige, der eine Grundwahrheit zu schätzen weiß. Der Patriarch lächelt. «Hast du ein Glück, mein Lieber, du bist bereits nichts.»

Obwohl ich der (Idee der) Lehre näherkam, machte ich mir immer noch verzweifelte Sorgen über Werte, vor allem über den Wert der Güte eines Gottes, der es meinem Onkel gestattete zu existieren und der, kurze Zeit später, nicht eingriff, als Soldaten mehrere meiner jüdischen Schulkameraden in einen Viehwaggon stießen, der bald den Hauptbahnhof von Rotterdam verlassen und zu einer Todesfabrik fahren sollte, die andere, von Ihm persönlich geschaffene, ruchlose Wesen raffiniert konstruiert hatten. Wen sollte man dafür jetzt verantwortlich machen? Den Schöpfer oder Sein Erzeugnis? Geben wir den Nazis die Schuld? Oder den alliierten demokratischen Befreiern, die meine Hitlerjugend-Kumpel Hans & Heinz in dem Feuersturm, der Dresden zerstörte, töteten? Oder mir, der diese Ursachen wahrnahm und beharrlich fortfuhr, sie mit Preisschildchen zu versehen? Gott, tausend Gulden plus. Nazis, neunundneunzig Gulden minus. Ich, zehn Gulden fünfzig plus weniger fünfzehn Prozent für eine Erkältung und das Entwickeln der sündigen Kunst Masturbation. Solange ich fortfuhr, an Werte zu glauben, war ich dazu verdammt, Gott, Göttern, Schöpfern, Eltern, Autoritäten, sogar Roshis und Senseis und, wenn auch widerstrebend, mir die Schuld für das zu geben, was ich für «nicht richtig» hielt. Irregeleitet von meinem Ich, bewegte ich mich, wie ein Zen-Mönch es einmal formulierte, «schmerzhaft in dem niedrigen dunklen Raum unter dem Erdgeschoß meines Ichs». Dabei, so sagte er, sei *ich* bereits vor diesem irregeleiteten und leidenden Ich gerettet. Wie das? Weil *ich* nicht da sei. Wo war also dieses *Ich*? Er lächelte. «Du kapierst immer noch nicht? Du warst nie irgendwo. *Du* bist nirgendwo.»

Der Mönch, ein Koreaner, dem seine japanischen Kollegen das Leben schwermachten, der Beleidigungen und Demütigungen aber nicht zu beachten schien, beeindruckte mich mit seiner einfachen Lösung. Er wurde damals in einen angenehmeren Tempel versetzt und erzählte mir, daß er Glück habe. Nahm Buddha Notiz? Wurde der stets sich bemühende Mönch für seine Gelassenheit belohnt? Ich fragte, um ihm ein Bein zu stellen. «Aber nein», sagte er. «Das Glück kommt zu den Glücklichen. Es ist kein Verdienst dabei.» Der Gedanke gefiel mir. Ich wußte bereits, daß das Glück nicht zu denen kommt, die sich unaufhörlich bemühen, ein Ausspruch, den mein Gespenster-Onkel gern von sich gab und womit er seinen weltlichen Erfolg meinte, der in den Augen aller anderen gar nicht so toll und eher einem launischen Schicksal zuzuschreiben war. Ich hätte mich mit dem Gedanken anfreunden können, daß es keine Belohnungen, keine Werte gab, aber Holland war voll von ihnen, und allein die Tatsache, daß ich dort lebte, gab mir das Gefühl, für alle Zeit holländische Werte mit mir herumtragen zu müssen.

Wie das Glück es wollte, tauchte ein anderer großer Visionär aus dem Nebel meiner verwirrten Wahrnehmung auf. Das Phantom stellte eine Frage: «Bist du einer von Gottes Fehlern oder ist Gott einer von deinen?» – «Ich bin mir nicht sicher, Sir.» – «Nun, denk darüber nach.»

Friedrich Nietzsche (1844–1900) war erschienen, um mir von der Illusion von Werten zu erzählen, und er schlug vor, ich solle mich dem Rang des Übermenschen anschließen, dem, der eine Realität akzeptiert, die niemals veränderungsbedürftig sei, jedoch irgendwie nützlich sein könne. In «Unzeitgemäße Betrachtungen» (1876) wird postuliert: «Das Leben hat keinen inneren Wert, und es fehlt ihm auch kein solcher, es ist immer nur der Mensch, der darauf beharrt, das Leben zu bewerten.» (Eine Abstraktion der Anekdote, in der ein Mönch darauf besteht, daß der Meister den wahren Wert eines kleinen Hundes bestimmt.) Wohin führt uns das nun? Dahin, daß wir den geistigen Zustand des Mönchs verstehen können, indem wir ihn fragen, was er, der Mönch, glaube, daß der Hund wert sei. Joshu jedoch kümmert sich nicht um die mangelnde Erleuchtung seines Schülers. Er wischt die ganze Angelegenheit beiseite, indem er seinen Stock hebt, die Augen aufreißt, seine Gesichtshaare sträubt und «LEERE!» brüllt.

Joshu war mir noch nicht begegnet, ich beschäftigte mich mit Nietzsches fehlenden Werten. Meine anfängliche Begeisterung erfuhr einen Dämpfer, als ich von seinen Vorhersagen las. Nietzsche schien zuerst davon überzeugt, daß der durchschnittliche Mensch sich nie mit Amoralität abfinden könne. Gesetze zu beseitigen würde eine Leere nach sich ziehen, der die braven Bürger nicht gewachsen wären. Die Säulen, auf denen die Zivilisation ruht, niederreißen? Selbst wenn wir, angesichts von Kriegen und Verwüstungen, hervorgerufen durch einen, auf unserem kollektiven Ich basierenden Nationalismus, gezwungen wären, Moralvorstellungen, die uns nicht beschützen konnten, in Zweifel zu ziehen, würden wir sie durch ähnliche ersetzen. Falls erforderlich, würden wir eine Rechtfertigung durch irgendeine höhere mythische Moral in Anspruch nehmen. Der Mensch hat das bereits getan, sowohl im Judentum als auch im Christentum, wo Leiden in Ordnung ist, weil es Unsterblichkeit, die es in einem Jenseits geben soll, erkauft. Selbst wenn ein Holocaust so schrecklich wird, daß wir versucht sind «Gott ist tot» zu rufen, werden wir Ihn in anderer Form neu erschaffen, weil wir es nicht ertragen können, ohne eine Ich-Struktur zu leben. Der neue Gott in dem neuen System wird genauso unannehmbar sein. Selbsternannte Werte-Verfechter – ob

atheistische im diktatorischen Kommunismus und mono-
polistischen Kapitalismus oder gottesgläubige im intole-
ranten Fundamentalismus christlicher Fernsehprediger
und muslimischer Extremisten – werden erneut versuchen, die Massen zu versklaven. Werden die Sklaven jemals gegen das Luxusleben ihrer Herren aufbegehren?
Nein, denn man sagt ihnen, daß sie ihr gegenwärtiges
Schicksal nur «für eine gewisse Zeit» akzeptieren müssen.
Die Sanftmütigen werden die Erde erben. Irgendwann in
der Zukunft werden sie, entweder in ihrem physischen
Körper oder im Astralleib, der Segnungen teilhaftig. Niemals jetzt, immer später. Kommt es zu irgendeinem Mißbrauch auf der höheren Ebene, auf derjenigen von Priestern, Gebietern, Präsidenten, Gurus, den Burschen in
den Yachten vor Hawaii, so seid sicher, daß eine schreck-
liche Hölle diese scheinbaren Gewinner erwartet. Der
Himmel erwartet alle Sklaven, Verlierer nur für jetzt.

In Wirklichkeit sind die Herren Übermenschen? Nietzsche wollte, daß ich mich der herrschenden Klasse, der
A-Klasse in Aldous Huxleys futuristischer Parodie «Schöne neue Welt», anschließe und von Sklavenarbeit lebe?
Beinahe fiel ich auf die Behauptung der Nazis herein,
Nietzsche entschuldige ihr selbstsüchtiges Verhalten. Weiteres Studium ergab, daß Nietzsche tatsächlich doch nur
ein Idealist war. Ich konnte mich gefahrlos vor ihm verneigen und Weihrauch an seinem Altar verbrennen. Der
sanftmütige Professor (er erhielt mit fünfundzwanzig Jahren den Lehrstuhl für klassische Philologie an der Baseler
Universität) predigt weder ein gefühlloses Akzeptieren
des Gesetzes des Dschungels, noch tritt er für die sofortige
Zerstörung aller bestehenden Institutionen ein. Keine
Notwendigkeit, Grundschulen in die Luft zu sprengen
oder Steuerbeamte während ihrer Zigarettenpausen auf
den Stufen eines Bundesgebäudes mit Maschinengeweh-

ren niederzumähen. Ja, Humes und Nietzsches Nihilismus bedeutet, daß alle Werte unbegründet sind. Ja, nichts ist verstehbar. Ja, nichts ist kommunizierbar. Ja, das Leben selbst ist bedeutungslos. Aber das ist nicht zum Weinen. Es ist zum Lachen. Machen wir uns keine Sorgen, das Leben ist großartig, desto großartiger, je mehr kleinliche und egoistische Werte daraus verschwinden. Vergeuden wir keine Zeit damit, moralisch oder unmoralisch zu sein. Benutzen wir Joshus *Mu*. Kümmern wir uns nicht um Werte. *Seien* wir einfach nur. Und wenn wir uns, während wir sind, gedrängt fühlen, etwas zu tun, sollten wir unser Bestes geben, aus keinem Grund. Selbst wenn sich am Ende alles in nichts auflöst, können wir den vorhandenen Augenblick nutzen. Amoralität bringt rücksichtsvolle, freundliche Weise hervor, die ein wenig Broccoli züchten und Tofu herstellen, gelegentlich ein Haiku verfassen, sich vom Hund zum Fischen führen lassen. Es wird weniger von uns auf der Erde geben, und kleine, komfortable Bevölkerungen werden die wunderbare Rückkehr wilden Tierlebens respektieren. Wir werden uns nicht mehr gegenseitig ausrotten müssen, weil wir, vor die Wahl gestellt, nicht unsere Fehler vervielfältigen und uns diese ganze lärmende und kostspielige Nachkommenschaft zulegen werden. Tibet wird frei sein und sich nicht mehr zwanghaft darum kümmern müssen, seine Altäre in Ordnung zu bringen. Niemand wird mehr Zeit damit verbringen, Babywale zu harpunieren. Wir werden Pick-up-Trucks auf nicht verstopften Landstraßen fahren, während wir den Paris Double Six lauschen. Wir werden Liebesbriefe per E-Mail verschicken, während wir in unbewaffneten Raumschiffen fliegen. Einen Augenblick mal, sagen Sie? Außerirdische Wesen ohne grüne Karte werden hinter der Asteroidenwolke lauern? Sie essen Erdbewohner zum Frühstück? Nicht daran interessiert, unsere Werte (oder auch unsere Nicht-Werte) durchzusetzen, werden wir sie zum Mittagessen einladen. Dieser einfache Trick hat schon bei den Beduinen in der Wüste funktioniert. Die Regel lautete, einander zum Essen einzuladen, anstatt auf die winzige Silhouette, die auf einem Sandhügel erschien, das Feuer zu eröffnen. Beduinenkrieger winkten von der Höhe ihrer Kamelsättel und riefen: «Hast du schon gegessen, Fremder?» Wem ist nach einem Lammschmortopf auf Kuskus nach Kämpfen zumute? Und wenn die bösen Außerirdischen uns trotzdem töten? Dann sollen sie mehr Macht haben. Mögen sie das Universum auf ewige Zeiten genießen. Wir werden einfach für eine Weile fortgehen. Aber sag ihnen jetzt noch nicht, daß wir von Anfang an überhaupt nie da waren.

Die größten Ereignisse – das sind nicht unsere lautesten, sondern unsere stillsten Stunden. Friedrich Nietzsche.

«Was ist die Bedeutung von Buddhas vierzig Jahre langem Predigen?» fragte der Mönch Joshu. «Der Ahornbaum im Garten», antwortete Joshu. «Benutzt die Umgebung nicht, um den Leuten zu zeigen, worum es geht», sagte der Mönch. «Das tue ich nicht», erwiderte Joshu. «Also sagt mir», beharrte der Mönch, «was ist die Bedeutung des Buddhismus, Herr?» Joshu deutete auf den Baum. «Der Ahornbaum im Garten.»

Ich glaube, dies war mein erstes Koan nach Mu, und der Ahornbaum hat mich eine ganze Weile nicht verlassen. Die Anstrengung, die er mich kostete, wurde vermutlich nicht durch den rätselhaften Baum verursacht, sondern durch meinen festen Glauben, daß ich eine Brücke überqueren sollte, die ich zuvor schon überquert hatte. Ich hatte das Gefühl, Sensei meinte, ich ginge zu schnell voran, oder er wollte mich Mores lehren. Ich gab sogar die richtige Antwort, indem ich so tat, als sei ich der Baum, und steif dastand, meine Arme wie Zweige ausgebreitet hielt, schön wie ein Baum auszusehen versuchte (es war

Frühling, der Ahorn blühte), und Sensei nickte, ließ mich aber immer noch nicht den nächsten Schritt tun. «Was ist mit dem Ahornbaum?» fragte er immer wieder.

Was ich ihm immer zu sagen versuchte (aber er wehrte stets ab, er wolle nicht, daß ich es ihm sage, ich solle es ihm zeigen), war, daß ich eine Weile gebraucht hatte, bevor ich die Schönheit von Bäumen sah, *und jetzt sah ich sie.* Meine Entwicklungsjahre in Holland nach dem Krieg, der farbenprächtig genug war – ständig geschahen aufregende Dinge, egal wie schrecklich sie waren –, verbrachte ich in grauer Langeweile. Es war die vorherrschende Stimmung im Lande. Es hatte den Anschein, als könnten die Holländer sich nicht aufraffen, ein System wieder aufzubauen, das offensichtlich versagt hatte, oder, in einem Nietzscheschen Sinn, als seien wir unfähig, eine gescheiterte Gottheit und ihre überholten Werte zu ersetzen. Während überall schon nicht viel passierte, war es in der Schule noch besonders ereignislos. Die Lehrer bewegten sich im Schlaf umher. Schüler gähnten während des Unterrichts. Der Französischlehrer, der mir nicht ganz so unsympathisch war wie seine Kollegen – er bestrafte nie jemanden, sondern wartete einfach, daß der Tumult sich legte, bevor er fortfuhr –, war eines regnerischen Nachmittags nicht in seinem Klassenzimmer, als die trostlose Horde hereinströmte. Er hatte eine Nachricht an der Tafel hinterlassen, die besagte, daß er nach Hause gegangen sei, um sich umzubringen. Ordentliche Kreidebuchstaben, deutlich und klar, legten uns nahe, eines Tages dasselbe zu tun. Er bedauerte, daß es ihm nicht gelungen sei, uns beizubringen, französische Texte flüssig zu lesen. Falls doch, empfahl er «Eine Zeit in der Hölle» von Arthur Rimbaud, desgleichen Sartres «Der Ekel», das in einer einfacheren und moderneren Sprache geschrieben sei. «Das irdische Leben führt nirgendwohin», schrieb mein Französischlehrer. «Laßt

Euch von diesen brillanten Denkern zeigen, warum, und wenn Ihr überzeugt seid, macht ein für allemal Schluß damit. Falls ich unrecht habe, entschuldigt, daß ich versucht habe, Euch irrezuführen. Betet nicht für meine Seele. Ich bin ziemlich sicher, daß ich keine habe.»

Da ich gelernt hatte, Erwachsenen zu mißtrauen, konnte ich nicht glauben, daß die Nachricht ernst gemeint war, doch als wir zu seiner Beerdigung abkommandiert wurden, wo spießig aussehende Verwandte geräuschvoll ihre Nasen putzten, wandelte ich mich. Hier war ein Erwachsener, der tatsächlich vertrauenswürdig war. Ich applaudierte beinahe, als der Sarg in sein gähnendes Loch gesenkt wurde. Das Ende meines positiven Denkens war schließlich gekommen, wurde sogar von der toten Autorität, der ich Lebewohl sagte, bestätigt. Vielleicht war es Zeit, dem Beispiel dieses originellen Denkers zu folgen. Just da rührte sich der Geist von Hume und Nietzsche. Zufällig brach genau in diesem Augenblick die Sonne durch die Regenwolken. Finken begannen in den Rhododendronbüschen zu singen. Mir fiel auf, daß wir von blühenden Ahornbäumen umgeben waren. Ich hatte Bäumen nie viel Aufmerksamkeit geschenkt, doch von diesem Moment an bewunderte ich ihre Formen, ob kahl, keimend, Blätter und Blüten tragend oder tot.

Ich stand im Sanzen-Raum und zeigte Sensei meine Wertschätzung blühender Ahornbäume. Natürlich hatte Buddha uns darauf vorbereitet, die Schönheit der Natur, die einfach da ist, ob wir sie sehen oder nicht, ob wir sie schätzen oder nicht, würdigen zu können. Was gibt es Eindrucksvolleres als einen Baum? Joshu hatte wahrscheinlich eine ansehnliche Sammlung von Bäumen in seinen Klostergärten. Buddha saß unter dem prächtigen Bodhibaum, als er seine entscheidenden Einsichten hatte, und später, als er nach der Bedeutung des Lebens gefragt wurde, hielt er eine Rose hoch. Dann ging er davon, ohne etwas zu sagen. Die Schönheit des Lebens offenbart sich in jedem natürlichen Gegenstand. Schönheit geht über Bedeutung hinaus.

Sensei klingelte mit seiner Glocke. Als ich mich weigerte, den Raum zu verlassen, warf er mich gewaltsam hinaus.

In jener Zeit hatte ich einen wiederkehrenden Alptraum. Ich versuchte, ohne zu bezahlen, in das örtliche Kino zu kommen, das von einem großen blonden, tadellos gekleideten, diskret geschminkten jungen Mann betrieben wurde. Ich war mit einigen meiner Mitschüler gekommen, die an ihm vorbeistürmten, ohne am Kassenhäuschen stehenzubleiben. Ihr unerlaubtes Betreten ärgerte eindeutig den Geschäftsführer (der manchmal das Nazi-Hakenkreuz auf einem Armband trug, an diesem Tag jedoch nicht), aber er hielt die Eindringlinge nicht auf. Bei mir hob er die Hand und sagte, ich solle verschwinden. «Aber Sie kennen mich doch», sagte ich, und es stimmte, er hatte mich dort so manches Mal gesehen, doch seine hypnotisch blauen Augen sprühten Feuer. Während ich zu argumentieren versuchte, packte er meine Schulter und stieß mich grob auf die Straße.

«Aber hör doch, ich weiß über Bäume Bescheid», rief ich Sensei zu.

«Sag mir, was mit dem Baum los ist», brüllte er von der offenen Tür zurück.

Bei meinem nächsten Besuch wies ich darauf hin, daß an dem Baum nichts Besonderes sei. An nichts in der Umwelt sei irgend etwas Besonderes. Joshu mochte wahrscheinlich Bäume, und da stand zufällig einer, also deutete er darauf, aber er hätte auch auf irgend etwas anderes deuten können, das Bestandteil der unmittelbaren Situation war, in der er und der Mönch sich zufällig befanden.

Die Wurzeln des Ahorns breiten sich im ganzen Universum aus oder, in Zen-Sprache, erstrecken sich horizontal in die zehn Himmelsrichtungen und reichen vertikal bis zu den Enden der drei Welten (diese Antwort hatte ich in einem meiner Bücher gefunden). Der ganze Raum, die ganze Zeit – Buddha behandelte jede unmittelbare Situation innerhalb ihrer Grenzen. Er war gekommen, uns zu lehren, wie man das macht. Das war der Sinn seines Kommens.

«*Da war kein Baum.*» Sensei schüttelte seine Handglokke, während er mir den nächsten Teil des Koans aufgab. «*Du verleumdest den alten Mann. Ich sage dir, es waren keine Bäume in Joshus Garten.*»

So setzten wir unser Geplänkel fort, genau nach den Prinzipien vorschriftsmäßigen Koan-Studiums. Wir waren wieder bei den festgelegten Antworten, die auf das Koan Mu zu geben sind, wobei Joshu den Mönch innerhalb der sprachlichen Grenzen herausforderte. Sobald der Mönch zu etwas «ja» sagt, bestreitet der Lehrer dessen Existenz, wenn der Mönch «nein» sagt, bestätigt der Lehrer die Existenz. Der Mönch kann nicht gewinnen, und er soll auch nicht gewinnen. Ein guter Mönch ist ein vollkommener Verlierer. Die ganze buddhistische Disziplin zielt darauf ab, den Fragenden wirklich erkennen zu lassen, daß er, solange er an etwas festhält, sei es Positives oder Negatives, leiden wird. Nur die Auslöschung des Ichs gipfelt in einem Zustand der Erleuchtung. Das sagte Buddha. Buddha hatte recht.

Auch Hume hatte recht, und Nietzsche. Und Christus. Ich hatte die Bergpredigt gelesen und sie sehr buddhistisch gefunden. Christus klagte am Kreuz. Ich klagte auf meinen Meditationskissen, als die Kriebelmücken mein Fleisch zerbissen und mir die Knochen weh taten.

Gegen Ende meiner Verbindung zur Einsiedelei hatte

ich immer ein Wörterbuch mit chinesischen Buddhismusausdrücken in meinem Pick-up-Truck. Sensei wollte irgendwohin mitgenommen werden und war bestürzt, daß ich das Buch auf den Boden hatte fallen lassen. Auf dem zerrissenen Schutzumschlag war sogar ein Fußabdruck zu sehen. Er warf mir religiöse Schlampigkeit vor. Ich erinnerte mich an die Lektionen, die mir die japanischen Mönche erteilt hatten. Immer «Hai, hai» zum Lehrer oder zu jedem, der Befehlsgewalt hat, sagen, dann tun, was man will. Wenn man angeschissen wird, sich verbeugen und lächeln. Keine Zeit und Energie aufs Zornigsein verwenden, seine Kraft sparen, damit man mit anderen gerissenen Schülern hinter den Zierbüschen Shinsei-Zigaretten rauchen kann. Sie zeigten mir ihren Helden, Hi-san, den fetten Koch. Als älterer Mönch im Priesterrang hatte er ein eigenes Zimmer, wo er in seiner Freizeit gern in vollem Lotos saß und einem Radio lauschte, das in seinem Ärmel verborgen und durch einen fleischfarbenen Minihörer mit seinem Ohr verbunden war. Er war gut darin, Zigarettenstummel in kleinen Aschenbechern zu stapeln. Ich sah ihn nie im Zendo. Ich sah ihn nie aufgeregt. Wenn der Vorsteher ihn anschrie, faltete Hi-san seine molligen Hände, verneigte sich und machte ein betrübtes Gesicht, bevor er zu der Radiosendung und den Zigarettenstummel-Pyramiden in seinem Zimmer am entfernten Ende des Sodo zurückkehrte. «Hai, hai. Ich bin hier und höre Sie. Jawohl, Herr, ich bin hier. Es tut mir leid.»

«Hai», sagte ich zu Sensei. «Ich bin hier, und es tut mir leid, daß ich mein Buch mit den chinesischen Buddhismusausdrücken zusammen mit den sie darstellenden Schriftzeichen auf den Boden meines Pick-up-Trucks habe fallen lassen. Wie rücksichtslos von mir.»

«Entschuldige dich bei Buddha», sagte Sensei.

«Morgen hat niemand von Buddha gehört.»

Er machte ein böses Gesicht. «Was war das?»

Ich sagte ihm, es sei ein Koan, daß ich mir ausgedacht hätte, um das «Buddha ist ein Scheißstock»-Koan zu ersetzen. Ein Scheißstock ist immer noch etwas, doch in meinem Koan wäre Buddha völlig vergessen. Ein «kleines Ende» würde ihn ereilen. Es gibt keine großen Enden, es gibt nur eine Menge kleiner Enden, aber kleine Enden können auf ihre kleine Art sehr endgültig sein. Eines Tages gäbe es ganz bestimmt keinen Buddha mehr, der sich daran erinnerte, daß er ein Buddha war. Es gäbe kein Universum mehr, das an die Nicht-Existenz des Buddhas darin erinnerte. Es gäbe kein Zen, Ch'an, Dhyana mehr oder wie immer jene völlig vergessenen Meister der Vergangenheit ihre Sekten, Schulen, Wege, Richtungen zu nennen beliebten. Keinen Raum, keine Zeit, kein Herz-Sutra, keinen Weg, keinen Nicht-Weg. Es gäbe nur das namenlose *Hanyaparamita*.

Sensei hörte nicht zu.

«Hallo», sagte ich. «Morgen wird keiner von Buddha gehört haben.»

Er ließ mich anhalten, sagte, er ginge lieber zu Fuß, als von einem Häretiker, einem Schandfleck, einem Ex-Schüler gefahren zu werden. In meinem Rückspiegel sah ich ihn die Faust schütteln, als ich davonfuhr. Ich fragte mich, wie er am nächsten Tag wäre. Der nächste Tag kam, mit einer von einem Schüler überbrachten Botschaft. Er hatte die Nachricht aufgeschrieben, um Senseis rätselhafte Worte nicht zu mißdeuten. Er sprach sie langsam und deutlich aus. «Sensei löst seine Verbindung zu dir, für das, was ist, was war und was sein wird, wie du weißt.» Er sah mich über seine Brillengläser hinweg an. «*Wie du weißt*, weißt du?»

Ich wußte es nicht.

«Irgendein Kommentar?»

Zen-Leute haben immer großartige Kommentare, sie lachen, sie tanzen, sie werden auf der Stelle erleuchtet, wenn sie die verborgene Bedeutung der kryptischen Botschaft ihres Lehrers gänzlich und ohne den geringsten Zweifel verstehen.

Mir fiel kein Kommentar ein.

«Das ist es?» fragte der Schüler.

Das war es dann, vermutete ich. Ja. Wahrscheinlich. Das könnte es dann sein.

12 Gurus kommen und gehen, nur der Nicht-Guru ist wirklich

da gibt es diese Geschichte von dem Mann, der jeden Morgen vor dem Frühstück seinen Hund in den Vorgarten mitnimmt, ihn am Schwanz packt und ein paarmal herumwirbelt. Ein Nachbar, der fragt, warum der Mann seinen Hund so grausam behandelt, erhält zur Antwort: «Sie können sich nicht vorstellen, wie glücklich der Hund ist, wenn ich ihn wieder absetze.» Nachdem Sensei mich losgelassen hatte, fühlte ich mich sehr erleichtert. Es ist schön, wenn ein Guru losläßt, aber die Erleichterung ist bestenfalls vorübergehend. Baba, der Lehrer vom Flughafen, erzählte mir, daß es im Hinduismus alle Arten von Gurus gibt, und sie sind alle zeitweilige Führer, außer einem, dem *Sadguru*. Der Sadguru, der unser reines Sein – dasjenige, das nicht definiert werden kann – repräsentiert, hat uns wirklich am Wickel. (In Zen-Reden finden wir denselben Gedanken im «Mensch ohne Rang».) Der Sadguru ist der innere Guru. Die äußeren Gurus können als die vorübergehenden Projektionen des inneren Gurus begriffen werden. Sie kommen und gehen. Sie zeigen einen Teil des Wegs. Sie werden geheuert und gefeuert, und es ist der Sadguru, der das Heuern und Feuern übernimmt. Nicht die Persönlichkeit, nicht der Geist, nicht der Körper noch irgendein anderes Gebilde auf einer der Ichebenen haben etwas mit diesem schmerzhaften Prozeß zu tun, sie sind einfach nur zufällig sein Gegenstand. Der Nicht-Guru ist die wahre treibende Kraft. Roshis, Senseis und Babas dienen dem Sadguru gewissenhaft, bis es diesem zu bunt wird und er mit den Fingern schnippt. «Du da, raus mit dir. Du da drüben, rein mit dir. Bring unserem guten Freund ein paar neue Tricks bei. Los, ran! Du kannst es.» Baba war sehr respektlos, wenn er über Gurus sprach. «Jeder Lehrer ist temporär. Man hat ständig mit ihnen zu tun, weißt du. Und es gibt keinen Grund, warum sie sich so mächtig fühlen sollten. Der Bursche, der einem zum erstenmal zeigt, wie man seine Kreditkarte in die Tanksäule steckt, ist auch ein Guru. Oder der Samariter, der einem beim Zusammensetzen des Bürostuhls hilft, der mit der Post kam, mit einer Gebrauchsanweisung in Kauderwelsch-Englisch, danke ihm, er ist ein wertvoller Lehrer. Nützliche Gurus, aber halte nicht an ihnen fest. Wie oft willst du denselben Trick lernen? Verlasse sie, wenn die Lektion gelernt ist. Wenn du zu verdammt dankbar bist, machen sie einen persönlichen Trottel aus dir. Übertrage deine Macht keinem äußeren Guru.»

Wie Sensei sagen würde: «Dazu gibt es ein Koan.» Das Thema, was das menschliche Leben wirklich vorwärtstreibt, kam eines Tages nach dem Abendessen auf, und Sensei sagte: «Denke daran, nicht du bist derjenige, der dich kontrolliert», und ging in sein Zimmer, um in seinen Unterlagen zu suchen, aber er konnte den gewünschten Zen-Text nicht finden. Ich ging nach Hause, schlug in dem Glauben, behilflich zu sein, in meiner Bibliothek nach und kopierte einen anscheinend passenden Text. Ein paar Wochen später, bei einem anderen Abendessen, diesmal in meinem Haus, zeigte ich Sensei das, was ich für das relevante Rätsel hielt. Er hatte seine Brille nicht dabei und tat mein Papier mit einer Handbewegung ab. Ich insistierte. «Dachtest du an das Diener-Koan, das Gozo geprägt hat? Der auch als Tosan bekannt war? Der namentlich zwei Buddhas erwähnte und sagte, selbst sie, höhere Wesen, seien nur Diener von jemandem, den der Schüler erkennen muß?» Sensei wurde ärgerlich. «Gozo *Wer*? Der *was worüber* sagte? Hast du wieder *gelesen*?» Es waren noch andere Gäste zum Abendessen da. Sensei deutete mit einem anklagenden Finger auf mich und nannte mich «unser schlauer Bursche». Er warnte die Schüler, daß sie sich von Büchern fernhalten sollten, daß ich ein schlechtes Vorbild sei. Er stampfte aus dem Haus, ohne den Nachtisch aufzuessen, gefolgt von seinen ernst dreinblickenden Schülern. Meine Frau war in Tränen aufgelöst.

Bei einer anderen Gelegenheit, als ich den ganzen Tag in Senseis Einsiedelei Dienst hatte, trug er mir auf, den Sanzen-Raum sauberzumachen. Ich fand mehrere Zen-Bücher neben seinen Kissen liegen. Eines war bei Gozos Koan, das ich in meiner Bibliothek gefunden hatte, aufgeschlagen. Sensei, der mich sein Buch betrachten sah, teilte mir mit, daß er sich bald zur Ruhe setzen wolle und sich darauf freue, «zehn Jahre lang zu leben». Später fuhren wir mit einem gecharterten Bus zu irgendeiner Veranstaltung, und alle, einschließlich Sensei, lasen den Roman «Shogun» (den der Supermarkt im Angebot hatte), während die immergrünen Pflanzen, die den Interstate Highway säumten, an uns vorbeizischten. Ich sah ein Elchweibchen und ihr Kalb und machte laut darauf aufmerksam, doch alle hielten sie ihre Nasen auf die hübsch dramatisierte Version eines alten romantischen Japans, das von einem westlichen Held entdeckt wird, gerichtet. «Das ist es, Mann», sagte einer der Zen-Schüler, «macht mir richtig Lust, eines Tages nach Japan zu fahren.»

Meister Gozo sagte: «Selbst Shakyamuni und Maitreya sind seine Diener. Sag mir, wen ich meine.»

Dieser mysteriöse Meister von Buddhas (Shakyamuni, ehemaliger Prinz Gautama von Indien, war der letzte Buddha, der zukünftige westliche Maitreya kommt als nächster) begegnete mir noch in einem anderen Koan. In jenem Rätsel sagt Rinzai, ein chinesischer Zen-Meister, der dem großen Gozo voranging, zu seinen Mönchen: *In euren physischen Körpern, direkt in eurem Fleisch, befindet sich ein Wesen ohne Rang, das häufig durch die Pforten eurer Gesichter ein und aus geht. Wer ist das? Sagt es mir auf der Stelle.*

Der Sadguru sucht nicht nach dem Weg, denn er ist der Weg (siehe «I am That», Gespräche mit Sri Nisargadatta Maharaj, Acorn Press, 1996; dt.: «Ich bin», Auswahlband). In «Das Totenbuch der Tibeter», einem Wegweiser für die kürzlich Verstorbenen, erscheint der Sadguru als der Sprecher und redet das Ich als «das Hochgeborene» an. Der Sadguru fordert die Persönlichkeit heraus, in das weiße Licht der ewigen Erleuchtung zu treten und das farbige Licht, das die Seele in irgendeine Art der physischen Existenz lockt, zu meiden.

Das Ich hat noch nicht genug gehabt? Es beschließt, wiedergeboren zu werden? Sehr gut, der Sadguru wird, einmal mehr, sein Karma manipulieren und es schmerzhafte Lektionen lehren. Leiden wird nur zu einem einzigen Zweck verursacht, um die hemmende Dunkelheit einer falschen Identität zu beseitigen. Der Sadguru möchte alle unsere Masken herunterreißen. Der Sadguru ist die Kraft, die den strauchelnden Mönch in dem chinesischen Roman «Monkeys Pilgerfahrt», von Falle zu Falle, ins Buddha-Land treibt oder sein christliches Gegenstück, den spirituell

Suchenden in der mittelalterlichen Legende «Jeder-
mann», bei seiner Suche nach Gott durch osteuropäische
Wüsten zerrt. Der Sadguru (ich zitiere immer noch Flug-
hafen-Baba) vergißt uns vielleicht eine Zeitlang, doch
wenn er sich an uns erinnert, kennt er kein Erbarmen. Er
wird alles tun, um uns zur Quelle unseres eigenen reinen
Lichts zurückzubringen. Sein Mitgefühl mag grausam erscheinen. Er wird aus dem Bankier mit einwandfreiem Le-
benswandel einen Heroinsüchtigen machen, wenn er
meint, daß die Suche auf diese Weise beschleunigt wird,
oder aus dem sauber gewordenen Heroinsüchtigen einen
Bankier, falls das der Suche im Augenblick besser dient. Er
wird seinem Schüler eine Fünf-Millionen-Dollar-Yacht
kaufen, ihn dazu bringen, auf ruhiger See zu einer pazifi-
schen Insel zu segeln, wo Hula-Mädchen zum Rhythmus
von Banjos ihre Hüften schwingen, und dann das Boot ka-
pern lassen. Banditen ketten das Ich an einen Felsen,
schneiden seinen kleinen Finger ab und schicken ihn Verwandten, damit sie Lösegeld zahlen. Warum? Damit er
sein inneres Wesen erkennen kann. Und was ist das? Der
Sadguru selbst. Ist dies ein Film? Was ist das Leben anderes
als ein nicht bearbeiteter Film? Die Handlung schlägt vielleicht eine bestimmte Richtung ein, nimmt aber bald eine
sonderbare Wendung. Wer kann sich schon einen Reim
auf das eigene Leben machen? Können wir jemals ange-
messen auf das sich ändernde Szenarium reagieren? Finden wir jemals irgendwo Gerechtigkeit? Was haben die
sinnlosen Wiederholungen zu bedeuten? Warum kommen wir mit unseren neugefundenen Einsichten immer zu
spät? Warum entziehen sich die Umstände unserer Kontrolle und machen uns immer verrückt? Wenn Dinge für
eine Veränderung bereit sind, wie kommt es dann, daß wir
sie nicht festhalten können? Warum ist nie Zeit, sich an etwas zu gewöhnen, nicht einmal an Unangenehmes? Die

Handlung geht weiter. Wie das weiße Kaninchen, immer spät dran in «Alice im Wunderland», stürmt das Ich blind weiter. In den Tod. In die Geburt.

Aber ist es mein *Ich*, das diese ganzen, manchmal erfreulichen, manchmal leidvollen, Filmhandlungen durchlebt? Bitte, sag mir, daß es mein Ich ist, wollte ich Baba anflehen. Laß etwas beständig sein. «Eigentlich nicht, weißt du», sagte Baba während unseres langen, schneebedingten Zusammenseins auf dem Logan Airport. Persönlichkeiten währen nur ein einziges Leben. Neue Geburt, neues Ich. Ich eins würde niemals Ich zwei erkennen, aber das muß es schließlich auch nicht. Eins und Zwei sind nie, außer vielleicht in kurzen *Déjà-vus*, zur selben Zeit am selben Ort.

Wie traurig? Er riet, ich solle mir über das offensichtlich sinnlose Auf und Ab meiner vielen Leben keine Sorgen machen, denn kein Teil des ganzen Hokuspokus sei von Bedeutung. Alles ist nur Theater. Manche Vorstellungen gehen rasch vorbei, manche dauern ein bißchen länger. Es taucht ein Leben auf, in dem wir ausgesprochen brillant sind, als nächstes kommt ein düsterer Durchgang, in dem wir zurückgeblieben sind. Mal sind wir nett, mal sind wir böse. Der Bucklige und die Schönheitskönigin. Der eine wird wiederhergestellt, die andere wird alt. Wir hüpfen auf und ab, doch die Aufwärtsbewegungen werden höher, bis schließlich jeder von uns, versprach Baba, nach etwa sechshundert Leben die Spitze des Berges Sumeru erreicht. Der Gipfel wird unter unseren Füßen sein, all unserem Widerstand zum Trotz, denn das Ich kooperiert nie, es will eine bequeme Nische und möchte dort bleiben – aber der Sadguru wird das nicht zulassen. Das wahre Selbst setzt Himmel und Hölle in Bewegung, nur um das Ich vorwärtszutreiben. Wenn nichts anderes hilft, wird die unvermeidliche Aussicht auf den Tod den langsamsten

Schüler dazu bringen, aufmerksam zu sein. «Ich habe zu tun», sagt der Arzt zur Scheinpersönlichkeit, «aber ich werde mir die Zeit nehmen, Ihnen die Lage zu erklären. Ihre Leber ist kaputt, und ich werde sie nicht in Ordnung bringen. Ich könnte es versuchen, wenn Sie besser versichert wären, doch selbst dann wäre der Fall zu 99 Prozent hoffnungslos. Gehen Sie nach Hause, weinen Sie sich richtig aus, schreiben Sie Ihr Testament, und warten Sie auf den Schwarzen Mann.» Und wenn uns nicht einmal der Tod wach macht? Nun, dann wandert der Held in den Bardos, dem Fegefeuer, dem Jenseits umher, verwechselt den Eingang seiner nächsten Mutter mit einem hübsch erleuchteten Tor zu einem exotischen Vergnügungsviertel, denkt nicht nach, schlüpft hinein, wird neun Monate später wieder herausgezogen, kommt zur Besinnung und stellt, wieder einmal, dieselbe Frage, die er schon hundertmal zuvor gestellt hat. *In was bin ich da hineingeraten?*

Diese Aussicht munterte meine Persönlichkeit überhaupt nicht auf. Ich blickte mich auf dem Logan Airport um, wo Tausende von anderen gestrandeten Persönlichkeiten traurig herumlungerten.

«Ha», sagte Baba. «Du denkst, du bist allein? Bin ich nicht auch hier? Nur ein Leben früher war ich Herr in einem Palast. Die Konkubinen überfütterten mich. Ich starb an einer bösen Blutung. Als ich in den Bardos umherwanderte, paßte ich nicht auf, und schwupp! wurde ich in einem Pappkarton in Kalkutta wiedergeboren. Wuchs zu einem hungernden Brahmanen auf, wurde ein Tische säubernder Paria, und jetzt bin ich Mr. Heilig, der dich mit wahren Geschichten erschreckt. Das Auf ist gut. Das Ab ist auch gut.» Er kniff mich in die Wange. «Ich sage dir, geh einfach weiter.»

«Wohin, Baba-Shrih?»

Ein Zen-Meister hätte mir ins Gesicht geschlagen und

gebrüllt, ich solle meine Fragen selbst beantworten, und zwar *jetzt*, damit ich auf der Stelle erleuchtet würde, um für ein künftiges Koan tauglich zu sein. Baba nahm sich die Zeit, mir geduldig seine Antwort zu erklären. Meiner Suche sei ein gutes Ende beschieden. Alle menschlichen Wesen erreichen ihr Ziel mit etwa derselben Geschwindigkeit. In den meisten Leben gibt es eigentlich nicht besonders viele Abkürzungen. In dem einen Leben macht man ein paar Fortschritte, im nächsten lernt man mehr, indem man zurückfällt. Ein Mensch wird ungefähr sechshundertmal wiedergeboren, plus / minus ein paar Leben, bevor er mit seinem Unsinn aufhört, zugibt, daß das Ganze ein Spiel war, den anderen Spielern dankt oder ihnen verzeiht, lacht und zu einem Wesen höherer Ordnung wird. Ob ich mich an Buddhas Reden erinnerte? wollte Baba wissen. Als Shakyamuni gefragt wurde, wie das Leben am Ende aussähe, sagte «Der, der weiß» da nicht: «Ich bin immer am Anfang.»?

man beschwört Dinge herauf, und sie lassen einen nicht mehr in Ruhe. Warum sollte ich einen fernöstlichen Geist herausfordern? Im Westen geboren, hatte ich nie vorgehabt, mich näher mit Buddhismus zu beschäftigen. Hume und Nietzsche hatte ich erfolgreich absolviert und wollte nun einfach nur meine nihilistischen Theorien von lebenden Meistern bestätigt sehen. Nachdem ich (1956) die Pflichtlektüre einer Liste von Autoren beendet hatte, die mit Platon anfing und mit meinem britischen Philosophieprofessor, Alfred Ayer («The Problem of Knowledge»), aufhörte, schlug mein Lehrer vor, ich solle Meister Eckhart lesen. Eckhart (1260–1327), Dominikanermönch und «Vater der deutschen Mystik», war ein solcher Meister der Negation, daß der Katholizismus ihn nicht länger akzeptierte. Ich sagte Professor Ayer, daß ich gerne Eckharts Schüler wäre. Der Professor ging auf meinen Scherz ein. Lebende Meister des bedeutungslosen Weges seien jetzt nur noch im Fernen Osten zu finden. Er empfahl Japan.

Tibet wäre vielleicht besser, aber es sei kurz davor, von China übernommen zu werden, außerdem sei es dort kalt, und ich hätte Schwierigkeiten, die Sprache zu lernen. («Und ihre Zeremonien sind endlos, weißt du, du würdest dich bestimmt langweilen.») China sei kommunistisch und habe begonnen, seine eigenen buddhistischen und taoistischen Meister zu verfolgen. Indien könnte gut sein (der Hinduismus, meinte er, sei für meinen Zweck auch geeignet), aber er habe gehört, daß dort die Ruhr grassiere und die ärztliche Versorgung schlecht sei. Im übrigen gebe es dort all diese Armut, die den glücklichen Denker ablenke. Nein, Japan wäre genau das Richtige. «Ein hygienisches Land, bevölkert und regiert von einem intelligenten und reinlichen Volk, eine aufsteigende Nation, ja, es wird dir dort gefallen, mein Junge.»

Es gefiel mir dort, aber es gab auch einige Schattenseiten. Als ich Kioto verließ, war ich froh, daß das Sutra-Singen, das Aufstehen um drei Uhr morgens, die schmerzhafte Meditation und das Herumstümpern in einer sehr fremden Sprache hinter mir lagen. Ich war nicht der Meinung, von dem intelligenten und reinlichen Volk irgend etwas gelernt zu haben. Mein Ich war zu begriffsstutzig, meine Persönlichkeit zu eitel, mein Geist zu rastlos. Während ich Japans Küste im Nebel versinken sah, lenkte ich meine Schritte in die Schiffsbar, fest entschlossen, meine Seele in kaltem Bier zu ertränken.

Der Sadguru, wenn eine solche Macht existierte, ließ mich das eine Weile tun. Dann fing die ganze Geschichte wieder von vorne an.

In Holland, in den frühen sechziger Jahren, rief mich ein Fernsehproduzent an, um zu fragen, ob ich Buddhist sei und ob ich im Fernsehen auftreten wolle. Da sind die Verwandten und die Freunde und die Kollegen und die Kunden und die Kameraden der Amsterdamer Hilfspoli-

zei, die sich Folge Nummer 57 ihres kulturellen Donners-
tagabendprogramms ansehen, und wer taucht auf? Mein
allerwertes Ich.

Was die erste Frage betraf, nein, ich war eigentlich kein
Buddhist.

Aber hatte ich nicht in Japan Buddhismus studiert? Der
Produzent hatte das irgendwo gehört.

Ich fing an, die Hume / Nietzsche / Eckhart-Verbindung
zu beschreiben.

«Das ist in Ordnung», sagte der Produzent. «Sie können das alles auf dem Bildschirm erklären.»

«Wovon handelt die Sendung?»

Davon, teilte die freundliche Stimme mit, *ob das Leben
einen Sinn hat und wenn ja, welchen*? Der Titel der nächsten
Folge seiner Sendung. Es sollte eine Podiumsdiskussion
sein, mit einem Theologieprofessor, einem Bischof, einem
Prediger der Niederländisch Reformierten Kirche und
einer Humanistin. Mich habe er als «Auflockerung» ein-
geplant.

Ob er einen Spaßvogel suche?

Nun ja, vielleicht, meinte die freundliche Stimme. Chri-
sten neigten dazu, ernst zu sein, Humanisten wortreich
und Theologieprofessoren haarspalterisch, doch er habe
gehört, daß Zen-Buddhisten (ich hätte doch Zen studiert?
Gut, gut …) gern kurze, irgendwie humorvolle, aber tref-
fende Antworten auf gewichtige Fragen gäben. Ob ich das
könnte?

Im Fernsehen? Sicher.

Er sei nicht allzuweit entfernt, und ob es mir etwas aus-
machen würde, mit ihm zusammen Mittag zu essen? Er
wolle sich einen Eindruck von mir verschaffen, okay? Die
Sendung werde im Studio produziert, und peinliche Szenen könnten geschnitten werden, aber warum Geld verschwenden? Er war erfreut zu sehen, daß ich ordentlich

gekleidet war und kurzes Haar hatte. Ich unterschrieb einen Vertrag. Es wäre in Ordnung, meiner Frau und meinen Freunden davon zu erzählen. Ob ich ihm einen Gefallen tun könnte? Ihm versprechen, daß ich keine unanständigen Wörter benutzen oder unzüchtige Reden führen würde. Er glaube zwar nicht, daß ich der Typ dafür sei, aber er wolle sichergehen.

Die Humanistin (sie erzählte mir, daß Gott möglicherweise tot ist, dies aber kein Grund sei, nicht liebevoll zu sein) und ich saßen am einen Ende eines langen Tisches. Den Rest des Studios nahm das Christentum ein. Wir hatten alle Mikrofone und Plastikstreifen, auf denen unser Name und eine kurze Beschreibung unserer Qualifikationen standen. Auf meinem war «Zen-Buddhist» zu lesen. Der Bischof war dickbäuchig, kurzatmig und hatte eine tiefe, dröhnende Stimme. Der Professor, der so groß und dürr war, daß er in zwei Teile zu zerbrechen schien, wann immer er protestierend die Hand hob, erinnerte das Publikum ständig daran, daß er an zwei Universitäten lehre und nicht, bitte schön, nur an einer. Der Prediger sah nichtssagend, aber wütend aus. Zuerst mußten wir erklären, ob wir an einen Sinn glaubten. Professor und Priester sagten, ja, an einen von Gott bestimmten Sinn. Die Humanistin sagte, ja, an einen von uns selbst bestimmten Sinn. Der Bischof hielt die Frage für irrelevant, und ich sagte, ich wisse es nicht. Der Produzent fragte den Theologen und den Prediger, wer genau Gott sei. Und wie, wollte Gott, daß wir Ihm dienten? Müßten wir der Bibel Glauben schenken? Der Theologe und der Niederländisch Reformierte Prediger brachten viele Argumente, die die Existenz des höchsten Wesens bewiesen und die ebenso eloquent von der humanistischen Dame zurückgewiesen wurden. Der Bischof sagte, daß jetzt, da er alt und krank sei und an dem, was er erreicht habe, zweifle, er sich Ihm manchmal sehr nahe fühle, daß er Angst habe, Ihm noch näherzukommen, und daß, sollte er Gott jemals von Angesicht zu Angesicht sehen, er bestimmt nicht den Gedanken eines «Sinnes» mit ihm diskutieren würde. Nun wollte der Produzent von der Humanistin wissen, wenn wir Sinn, wie sie ständig wiederhole, als selbsternannte Verpflichtung, unseren Mitmenschen zu dienen, definierten, wohin uns das denn führe? In einem verschmutzten Stadtstaat wie Holland mit sechzehn Millionen zusammengepferchten Menschen und täglich zunehmender Überbevölkerung? Wäre es nicht sinnvoll, den zukünftigen Zuwachs ein wenig zu reduzieren? Sei ihr bewußt, daß die Menschheit sich weltweit vervielfache, während sie jetzt schon aus allen Nähten platze? Was halte sie von einem Programm, das das Durchtrennen und Abschnüren von Ei- und Samenleitern vorschreibe? Wäre der Menschheit nicht am besten gedient, wenn wir zum Beispiel sechzig Prozent einer künftigen Generation loswürden? Die Humanistin, gekränkt vom unerbittlichen Einhämmern des Produzenten, verlor die Fassung. «Seien Sie nett», sagte sie, sich die Nase putzend. «Seien Sie nett. Es wird alles gut ausgehen. Gegenseitige Liebe wird uns retten. Bitte.»

Ich saß einfach hinter meinen beiden Plastikstreifen, einem langen mit meinem Namen, einem kurzen mit meiner Qualifikation, während eine weitere halbe Stunde mit Ja-oder-nein-Sinn-des-Lebens verstrich. Es hatte nicht den Anschein, als würde die zen-buddhistische Auffassung gewünscht. Dann kam ich aber doch an die Reihe, denn der erbitterte Kampf zwischen dem Theologen und dem Prediger (wie konnte man Gott in Frage stellen?) wurde rüpelhaft, und der Produzent brachte sie zum Schweigen. Er wandte sich an mich. Er schob mir eine Notiz zu, in der er um ein «leichtes, aber tragisches» Ende bat.

Mit Worten beschwor er eine entsprechende Szene. *Stellen Sie sich vor, eine alte Frau stirbt allein in einem Krankenhauszimmer. Sie wollen jemanden besuchen, haben sich aber verirrt, und Sie befinden sich plötzlich an ihrem Bett. Sie streckt die Hand nach Ihnen aus. Was tun Sie?*

Ich versuchte mir die ungewohnte Situation vorzustellen. «Gibt es dort einen Stuhl?» Es gab einen. Ich sagte, ich würde mich hinsetzen. Ich würde die Hand der Dame halten. Sie streckt sie aus, nicht wahr? Sie streckt ihre Hand aus? Sehr gut, ich würde sie halten.

Schweigen kroch in den Bildschirm. Schweigen im Fernsehen ist nicht gut. Fernsehen ist immer ruhelos. Die alte Frau stirbt ruhig. Wir brauchen ein bißchen Action hier. «Ein Sterbefall», sagte der Produzent traurig. Er gab mir weitere Hinweise. *Herbstblätter fallen, die alte Frau und ich sehen es durch ein Fenster.* Der Produzent wiederholte es. «Herbst-blätter fal-len.» Ich wußte, worauf er hinauswollte, und es war mir bewußt, daß meine Frau, meine Tochter, Verwandte, Freunde und ihre Haustiere mich dort mit all diesen respektablen, wohlmeinenden Leuten sitzen sahen, aber ich würde einer sterbenden Frau nicht sagen, daß ihr Leben einen Sinn gehabt hat, weil draußen die Blätter fielen und nächstes Frühjahr wieder wachsen würden, und daß alles sich erneuert und daß sie Buddhistin werden sollte, damit sie an die Reinkarnation glauben konnte und nicht das Gefühl hatte, umsonst gelebt zu haben. Die alte Frau *hatte* umsonst gelebt. Und sie war allein. Sie hatte wahrscheinlich Schmerzen. Sie hatte Angst, denn sie streckte die Hand nach mir, einem Fremden, aus. Sie brauchte jemanden, der ihre Hand hielt, und das tat ich. Bitte, laßt uns einen ruhigen Moment miteinander verbringen, die alte Frau und ich.

Der Produzent war am Verzweifeln. Er deutete auf die Uhr, außerhalb des Blickfeldes der Kamera. Er machte die

Finger seiner rechten Hand auf und zu, als Symbol für einen sprechenden Mund. Der Professor und der Prediger übermittelten ebenfalls mimische Botschaften. Retten Sie die Frau! Bringen Sie ein bißchen Gott ins Sterbezimmer des Krankenhauses. Der Bischof hatte Atemschwierigkeiten. Er wies mit einem schwerberingten, dicken Finger zur Decke. Wollte er, daß ich einen Engel rief? Die humanistische Dame lächelte ermutigend. Seien Sie nett, seien Sie nett! Umarmen Sie die alte Frau. Versichern Sie einer alten Frau ohne Verwandte, Nachbarn oder Freunde, daß sie kein sinnloses Leben gelebt hat. Sie hat immer ihren Goldfisch gefüttert. Sie hat Anteil genommen. Das muß sie. Sie ist ein menschliches Wesen, oder nicht? Sagen Sie ihr, wie sehr *Sie* Anteil nehmen. Wie sehr *wir alle* Anteil nehmen. Der Produzent behielt seine freundliche Stimme bei, denn seine Stimme war Bestandteil der Sendung. «Aber was würden Sie zu der sterbenden alten Frau *sagen*? Über den Sinn ihres Lebens. Gab es einen? Und wenn ja, welchen? Was würden Sie *sagen*, Herr Zen-Buddhist?»

Auch ich war am Verzweifeln. «Nichts», sagte ich, «ich würde einfach dasitzen, ihre Hand halten und darauf warten, daß sie stirbt. Wir würden zusammen warten.»

«Worauf? Auf ihren Tod?»

Schien mir eine gute Idee zu ein.

«Ist es das, was Zen-Buddhisten tun? Uns helfen, auf den Tod zu warten?»

Die Sache wurde ärgerlich, aber meine Mutter sah zu, also behielt auch ich einen freundlichen Tonfall bei. «Ich weiß es nicht. Ich bin eigentlich kein Zen-Buddhist.»

«Was sind Sie dann?»

Ich lächelte, in der Hoffnung, daß es ein buddhaähnliches Lächeln war. Dies war meine Chance, Gelassenheit zu beweisen. Meine Frau sah zu, sie würde nicht wollen, daß ich den Produzenten schlug, und ich hatte versprochen, keine Schimpfwörter zu benutzen. Meine fünf Jahre alte Tochter sah ebenfalls zu. «Hallo, Papa.» Meine siamesische Katze, ein reizbares Tier, würde Gewalt gutheißen, aber ein Mann muß seinen Lebensunterhalt verdienen. Ich konnte einen Mitbürger nicht im öffentlichen Fernsehen beleidigen. Ich war tagsüber Geschäftsmann, und nebenbei war ich Hilfspolizist. Es gibt immer diese Rücksichten. «Ich bin nicht sicher, was ich bin», sagte ich zu dem Produzenten. «Ich hoffe, daß ich nicht bin.»

Nicht. Was soll das heißen? Der Produzent seufzte.

Ende der Sendung. Abspann.

Zu der Zeit, als ich mich mit dem fiktiven Tod einer einsamen alten Frau beschäftigte, fing ich an zu glauben, daß meine eigenen Bemühungen mich auch nicht aus dem Rad des Karmas herausführten. Das japanische Abenteuer, ganz gleich, wie exotisch es war, hatte keine Einsichten bewirkt, und mein gegenwärtiges Leben als Kaufmann bei Tage und als Polizist am Abend trug auch nichts zum Erleuchtungsprozeß bei. Ich gelangte allmählich zu der Überzeugung, daß ich den Tatsachen ins Auge sehen, die Suche aufgeben und ein glücklicher Bürger in einem Land aus Milch und Fleischkroketten sein sollte, als die Fernsehsendung mich in eine unerwartete Richtung drängte.

Der Produzent teilte mir in einer von einem Hundert-Gulden-Scheck begleiteten Nachricht mit, daß, laut einschlägigen Quellen, ein Zehntel des intellektuellen und spirituellen Hollands seine Sendung gesehen hatte. Er schickte mir Briefe von einem Dutzend holländischer Buddhisten, die Kontakt mit mir aufzunehmen wünschten. Ich lud die Mitglieder dieser *Sangha*, der buddhistischen Bruderschaft, zu einem Essen in ein chinesisches Restaurant ein. Neun wollten ihren Geist nach formalen und eindeutig moralischen Vorschriften entwickeln. Drei sympathisierten mit meiner nihilistischen Suche. Wir vier richteten uns in der Amsterdamer Innenstadt im siebten Stock eines Giebelhauses aus dem vierzehnten Jahrhundert einen gemeinsamen Meditationsraum, eine wuchtige Pfosten- und Balkenkonstruktion, die solide Version eines holländischen Zendo ein. Während Zazen war ich der *Jikki-jitsu*, der gefürchtete Zuchtmeister, der alle fünfundzwanzig Minuten seine Glocke läutet und jeden schlägt, der sich in dieser Zeit zu bewegen wagt. Ich schlug nur sanft, wie der Sonnenaufgang am Morgen, und gab den Stock in der folgenden Sitzung an den nächsten weiter. Holländer reagieren allergisch, wenn sie mit einem ein-einhalb Meter langen Zedernholzstock vermöbelt werden. Sie entreißen die Waffe Manjusris Händen und rächen sich an dem zudringlichen Bodhisattwa. So weit, so gut, es geschah im wesentlichen nichts Neues, bis der Produzent wieder anrief. Dieses Mal sollte ich ihm dabei helfen, Informationen über einen tibetischen *Trappa*, einen voll ordinierten Mönch, der angeblich von zwei holländischen Damen ausgebeutet wurde, zu erhalten. Er meinte, da könne eine Story fürs Fernsehen drin sein, und da ich Experte sei, ein Buddhist … «Ich dachte, das hätten wir schon geklärt», erwiderte ich. Er sagte, das spiele keine Rolle. Hier sei ein Buddhist in Not. Hätten Buddhisten mir nicht in Japan geholfen? Wüsche nicht eine Hand die andere?

Er beschaffte sich eine Einladung von den Damen, die den Trappa in ihrem Landhaus Sonntagsriten vollführen ließen. Sie erzählten uns, sie hätten ihren gutaussehenden jungen Mann in einem Straßenbautrupp in Nordindien gefunden, als sie dort waren, um heilige Stätten zu besuchen. Dazi-Kawa, durch diese blauhaarigen ausländischen Teufelsfrauen von seiner mörderischen Arbeit befreit, folgte seinen Retterinnen nach Holland. Die holländische Einwanderungsbehörde erteilte ihm ein Visum gegen Hinterlegung einer Sicherheit, mit der seine Rücksendung nach Indien bezahlt werden sollte, falls es Schwierigkeiten gab. Die Damen bezahlten mit knisternden neuen Banknoten. Der Trappa sah ihnen dabei zu.

Der Trappa, ein kleiner schlanker Mann mit einem schüchternen Lächeln, trat hinter einem Wandschirm hervor, als die ältere der beiden Frauen in die Hände klatschte. Die andere Frau klatschte ebenfalls, und der Trappa sang Sanskrit-Texte, während er eine Zimbel schlug und eine Rassel schüttelte. Er war korrekt mit einer purpurroten und gelben tibetischen Robe bekleidet. Seine Füße waren nackt. Er stand, während er sang, dann setzte er sich hin, schlug die Beine unter, sagte «Hello» auf englisch und «Happy to be here». Anschließend weinte er. Die alten Damen führten ihn aus dem Raum, kamen zurück, entschuldigten sich mit der Bemerkung «Das macht er immer, wir wissen nicht, was mit ihm los ist», schenkten Tee ein und boten Maria Cracker mit Goudakäse an. Ich fragte, ob ich den Trappa allein sprechen könne, und als sie erwiderten, das könne ich nicht, sagte ich, ich täte es trotzdem und suchte überall, bis ich ihn im Dachgeschoß fand. Dazi-Kawa erzählte mir – aber es dauerte eine Weile, ihn zu verstehen, da er immer noch weinte, einen exotischen Akzent hatte und wenig westliche Wörter kannte –, daß er ein Gefangener war und gezwungen wurde, Staub zu saugen und unmögliche Berge von Geschirr zu spülen, daß sein Taschengeld nicht ausreichte, um zu kaufen, was er brauchte, und daß er nicht fortkönne, weil die Polizei ihn fangen und in einem Flugzeug anketten würde. Das hätten die alten Damen ihm gesagt. Sie wären beide Dämonen. Sie hätten ihn für einen Haufen Geld gekauft. «Bitte helfen.» Er faltete die Hände. «Hilfe gewünscht.»

Der Produzent überzeugte die Damen, daß ihrem Schützling erlaubt werden solle, sich für eine Woche in meiner Wohnung in Amsterdam aufzuhalten, damit wir herausfinden könnten, was er wolle. Die Damen kannten den Produzenten von ihrem Bildschirm. Sie wollten nicht im Kulturkanal angeprangert werden.

Dazi-Kawa wollte vor allem von den alten Damen fort und keine indischen Straßen mehr reparieren. Ich hinterlegte eine neue Sicherheit bei der Einwanderungsbehörde, und die Damen erhielten ihre zurück. Der Beamte erklärte Dazi, daß er nun unter meiner Aufsicht stünde. «Sein Sklave, ja?» fragte Dazi. «Sein Sklave, nein», sagte der Beamte. «Dies ist Holland, freies Land, Sie tun nur, was Ihr Herr sagt, ja? Machen keine Schwierigkeiten?»

Wir hatten unsere Schwierigkeiten, sie begannen damit, daß ich meinem Gast an einem Straßenrand einen rohen Hering kaufte und ihm zeigte, wie die Delikatesse traditionellerweise gegessen wird, indem man sie nämlich am Schwanz hielt, den Kopf nach hinten neigte und den Fisch in den Mund gleiten ließ, während man gleichzeitig kaute und schluckte. Da Tibeter niemals Fisch essen, war ihm nicht sofort bewußt, daß das glitschige Objekt ein an jenem Morgen in der Nordsee gefangener Hering war. Er meinte später zu mir: «Vielleicht Vogel mit schleimigem Schwanz.» Als er schließlich begriff, was er gegessen hatte, übergab er sich auf seine Robe, verfluchte mich und wurde vom Heringsverkäufer angebrüllt. Später an jenem Tag war Dazi von Prostituierten fasziniert, die ihre Körper in den geputzten Fenstern von Amsterdams Rotlichtbezirk zur Schau stellten. Da wir ihn an einen Sommerstrand mitgenommen hatten, wo attraktive Frauen oben ohne sonnenbadeten, «um ihre Haut zu verbessern», wie meine Frau erklärte, glaubte Dazi, daß die Prostituierten das auch täten: ihre Nacktheit aus gesundheitlichen Gründen im roten Neonlicht baden. Als Mönch, der seit dem Knabenalter in Lhasas riesigem Potala-Tempel aufgewachsen war, kannte er die weibliche Form nur von Statuen, bei denen männliche und weibliche Bodhisattwas in spirituell-körperlichem Kontakt Yin und Yang vermischen. Der Gedanke, daß Prostituierte es für Geld tun, schien neu zu sein. «Du kannst sie in ihren Zimmern besuchen, aber du könntest krank werden», sagte ich. Er hatte keine Angst vor Krankheiten. Ich habe ihm nie das Phänomen mikroskopischer Kleinstlebewesen verständlich machen können, auch nicht, als ich mir ein Mikroskop lieh und ihm zeigte, wie ein Tropfen klaren Wassers von möglicherweise aggressiven Wesen bevölkert ist. Nach Dazis Ansicht waren Mikroben amüsant. Geld bezahlen zu müssen war ein besseres Abschreckungsmittel. In seinen farbenprächtigen Gewändern fiel er im Viertel zu sehr auf, doch er ging oft in Zivil dorthin, um zu glotzen, sagte er, und um zu staunen. Er ließ keinen Gulden in den einladenden Gassen. Dazi sparte verzweifelt all sein Geld. Er wollte «sich freikaufen», indem er mir mein Geld zurückzahlte. Ich erklärte ihm, das sei nicht nötig, ich bekäme meine Kaution zurück, sobald er das Land verließe, und er sagte ja, daß er das vorhabe – Holländisch war zu schwer für ihn, und er lernte Englisch. Er sparte jedoch weiter, jetzt für sich selbst, falls das Leben wieder eine unangenehme Wendung nahm. Chinesische Soldaten, die seine Habseligkeiten und die seiner Kameraden aus einem Fenster des Potala-Tempels warfen und jeden, der sich einzumischen versuchte, mit dem Maschinengewehr erschossen, hatten seinen Glauben an eine freundliche Welt zerstört. «Das nächste Mal bin ich Charlie, nehme Ersparnisse und renne einhundert Kilometer pro Stunde.» *Char-*

lie war Dazis zweite Persönlichkeit, die die Führung übernahm, sobald er Jeans, ein besticktes Hemd, ein elegantes Seidenjackett, das er zusammen mit meiner Frau entworfen und genäht hatte, und dicksohlige Turnschuhe trug. Ich hatte ihm ein Zimmer hinter unserem Zendo in der Innenstadt besorgt und Arbeit im Abfertigungsraum eines Postversands, der reguläre Löhne zahlte. Das Geld hätte mehr als ausgereicht, um seine wenigen Bedürfnisse zu befriedigen, dennoch zog er es vor, zu Mahlzeiten eingeladen zu werden und sich die lebensnotwendigen Dinge von lokalen Buddhisten, Chinesen, Koreanern und Japanern, die ihn gern Rituale vollführen ließen, geben zu lassen. Als er nach zwei Jahren abreiste, um spiritueller Berater eines britischen Unterhaltungsstars zu werden, raschelte sein Mantel vor lauter Hundertguldenscheinen, die in das Futter eingenäht waren. Zwei riesige Koffer und drei Kleidersäcke, vollgestopft mit Habseligkeiten, wurden von einem Gepäckträger, dem ich vorher ein Trinkgeld gegeben hatte, an Bord gerollt. Ich sagte zu Dazi, er sei heutzutage ein schwerer Mann geworden. «Ich im wesentlichen leichter Mönch», entgegnete Dazi-Kawa, als er die englische Fähre bestieg, «du im wesentlichen überladener Laie. Du gehst schweren Weg.» Er lächelte. «Macht nichts, auch du wirst dorthin kommen.»

«Ich bin angeblich schon da», sagte ich, aber er hatte die Zen-Sprache nie gemocht. Auch Meditation hatte er nicht gemocht. Er behauptete, für mehrere Leben genug meditiert zu haben, gerade eben in Tibet. Im Potala-Tempel, in den er als kleiner Junge eingetreten war, war er gezwungen worden, sich der harten Meditations- und Arbeitsschulung zu unterwerfen, die aus einem Akolythen einen Trappa macht. «Polizeimönche schlagen mich. Jeder, der größer, schlägt mich. Ich mich vor jedem verbeugen, der größer als ich. Dann ich endlich erhalte Mönchsrang, Trappa, ja? Jetzt die kleinen Burschen verbeugen sich vor mir, tragen Sachen für mich, ich schlage sie ein bißchen. Ich habe Zimmer, Bett, Stuhl, Radio mit Batterie, Zimmerservice, reichlich Tee und Butter und leckeres Essen. Esse *momos* (Klöße) zweimal die Woche. Auf weißem Reis. Dann große chinesische Burschen kommen mit Rat-tat-tat-Gewehren. Fangen an, *mich* wieder zu schlagen.»

Er pflegte jedoch mit uns im Zendo zu sitzen und peinlich genaue Rituale am Altar zu vollziehen. Ich hatte den Altar mit Spielzeug-Dinosaurierskeletten, holländischen Muscheln und der Fotografie einer nackten orientalischen Frau in einem schweren antiken Silberrahmen, den ich auf dem Flohmarkt am Waterloo Square gefunden hatte, geschmückt. Dazi-Kawa akzeptierte meine Erklärungen. Der Dinosaurier sollte uns an frühere Lebensformen erinnern, die ausgelöscht wurden, so wie wir eines Tages ausgelöscht würden. Das gefiel ihm. «Ja, in Zukunft hat irgendein seltsames Wesen menschliches Plastikskelett zwischen Weihrauchbrenner und Kerze?»

«Und die sonnenbadende Frau im Silberrahmen?» fragte er.

Ich sagte, daß ich Frauen lieber mochte als Männer und daß Buddhas physische Gestalt, selbst stilisiert in Kunstform, nicht ausreiche, meine Geisteskräfte zu bündeln. Da ich beim Meditieren in Gedanken oft nackte Frauen sähe, könnte ich mich genausogut mit ihnen beschäftigen, anstatt sie zu meiden.

«Und die holländischen Muscheln?»

Ich sagte, auch sie repräsentierten den weiblichen Aspekt und seien Teil der Achtung, die ich für das Land, in das ich dieses Mal geboren worden sei, empfände.

«Aber du beklagst dich doch immer über das Klima und dein Land», sagte Dazi. «Nieselregen und Nebel? Niedrig gelegener Sumpf? Schlammiges, nasses Ödland?»

Ja. Sicher. Aber trotzdem hatte das Land mich großgezogen. Mich mit Käse und Kartoffeln und viel verkochtem Gemüse gefüttert. Liebevolle Freundlichkeit zu Hause. Ein bißchen Schule.

Dazi-Kawa hörte nicht zu. Sein Arm fegte über die Gegenstände auf dem Altar. «Macht es dir etwas aus, wenn ich hinauswerfe?»

Es machte mir etwas aus, aber ich sagte es nicht. Er behielt den Weihrauchbrenner und die Kerzen. Ein immer frisches Sortiment an Äpfeln und Orangen ersetzte die Muscheln. Eine dicke kleine Buddha-Statue ersetzte das, was in meinen Augen ein Bildnis der ergötzlichen Hindugöttin Kali war. Die Dinosaurier wurden durch Nichts ersetzt.

Der voll ordinierte Mönch Dazi-Kawa war zu zurückhaltend, um jemals ein Freund zu sein, aber er hielt mich auf dem Pfad der Tugend. Wenn ich die Morgenmeditation versäumte, brüllte er ins Telefon und riß mich aus meinem bequemen Bett am Rande Amsterdams. («Setz Arsch in Citroën, fahr nach Innenstadt, ich warte, Tee und Ingwerplätzchen fertig. Hopp, hopp, jetzt. Okay?») Er interessierte sich für meinen Kampf mit Mu und trieb mich immer an, ich solle in den Abgrund springen. «In welchen Abgrund, Dazi?»

Das war ihm vertraut. «Der Abgrund, in den das Ich sich nicht wagt.»

«Willst du Mittag essen gehen, ehrwürdiger Trappa Dazi-Kawa?»

«Ja-du-zahlst.» Das sagte er immer, wenn er dachte, daß etwas Geld kosten könnte. Manche Leute nannten ihn «Heiliger Mönch Jaduzahlst», worauf er erwiderte, sein wirklicher Name sei jetzt Charlie. «Ich Charlie, der manchmal Mönch Dazi-Kawa spielt, aber *wirklich wirklich* Charlie.» Wenn man ihn fragte, was *wirklich wirklich* bedeutete, sagte er «bedeutet nichts» und lachte und tanzte. Er tanzte gern mit meiner Frau, keinen gewöhnlichen Partytanz, sondern eine stilisierte Folge von gezügelten Bewegungen der Freude. Er zog immer bei uns ein, wenn er Grippe bekam und ließ sich von meiner Frau mit Hühnersuppe kurieren, während er ihr beibrachte, heilige Bilder auf Leinen zu sticken. Er ließ Langspielplatten mit religiöser tibetischer Musik laufen, die er sich von mir in einem speziellen Musikladen bestellen ließ. Besonders liebte er Musik, die auf einem klarinettenartigen, aus menschlichen Oberschenkelknochen geschnitzten Instrument gespielt wurde. «Schneiden sie aus Körper», sagte Dazi. «Bevor Geier Leiche fressen. Tibet immer wiederverwerten.»

Gewöhnlich aßen wir immer in demselben chinesischen Restaurant zu Mittag, und eines Tages erzählte Dazi mir, er habe zu allen Tibetern in Holland Kontakt aufgenommen und wolle sie zu einer Sonntagszeremonie im Zendo und anschließend zum Mittagessen einladen. «Nur vierzehn. Zwei *Lamas*, ordinierte Priester, einer Hoher Lama, übersetzt Texte an der Universität Leiden. Sie kommen in Roben, ja? Einige Frauen, sie jetzt Krankenschwestern. Sie dir gefallen.»

Ich schlug vor, *er* solle sich um die Frauen kümmern. Ich sei verheiratet.

Er lächelte verständnisvoll. «Sie schon bei anderen Mönchen beliebt. Ich spät.»

Die Zeremonie im Zendo, die der *Rimpoche*, ein «Lebender Buddha», eine anerkannte Reinkarnation, leitete, war ein Ereignis, das uns holländische «nihilistische Buddhisten» beeindruckte. Der Hohe Lama trug eine goldbestickte Weste über seinen purpurfarbenen und gelben Gewändern. Die Mönche sangen in Baßstimmen, es gelang mir nicht herauszubekommen, wie sie das machten. Dazi-

Kawas Sprechstimme war ziemlich hoch, doch hier, zwischen dem schwelenden Weihrauch und den flackernden Kerzen, dröhnte seine Stimme wie die zehn Meter langen Berghörner, die ich in tibetischen Dokumentarfilmen gesehen hatte. Der Rimpoche hatte ebenfalls eine Baßgesangsstimme. Während der Meditation saß er aufrecht (die meisten Mönche und Lamas fielen etwas in sich zusammen) und strahlte Licht und Energie aus. Als er am Ende der zweistündigen Meditation von den Kissen glitt, war er wieder alt und schwach, aber er wollte sich von mir nicht zu dem kleinen Restaurant fahren lassen, das ich für den Anlaß reserviert hatte. Die tibetischen Krankenschwestern, ebenfalls in Roben, stützten ihn, während er sich langsam vorwärts bewegte und die Prozession durch die Gassen der Innenstadt anführte. Ich ging direkt hinter ihm und wies den Krankenschwestern die Richtung. Da es ein Sonntagmorgen war, waren nicht allzu viele Leute auf den Beinen, aber ein uniformierter Konstabel, der mich als Kollege der Amsterdamer Hilfspolizei erkannte, fragte, ob ich Hilfe beim Eskortieren einer, wie ihm schien, asiatischen religiösen Gesellschaft benötige. Ich erklärte ihm, daß wir ein kantonesisches Mittagessen zu uns nehmen wollten und daß der alte Mann mit dem weißen Vollbart ein Lebender Buddha sei. Der Hilfskonstabel, in seiner regulären Arbeitszeit Biologe, mit Interesse für das Ungewöhnliche, nahm Haltung an, salutierte und verneigte sich, bevor er vorausmarschierte, um dem berühmten ausländischen Gast und seinem Gefolge ein offizielles Willkommen zu erweisen.

Der Zendo, unter Dazis Leitung von uns tadellos saubergehalten, der Altar, den der Trappa so bewundernswert arrangiert hatte, das Schweigen und die Stille, die meine holländischen Zen-Mitschüler während der Meditation wahrten, die Polizeieskorte, das erstklassige chinesische

Essen und der perfekte Service, den der buddhistische In-
haber und seine Familie boten, schienen den Rimpoche zu
beeindrucken, und er gab mir eine Empfehlung für einen
tibetischen Tempel in England mit, der von einer anderen
anerkannten Inkarnation gegründet worden war und geleitet wurde. «Das dürfte für Ihre Unterweisung nützlich sein», sagte der alte Mann lächelnd. Ich dachte, ich
könnte es mit einer Zen-Antwort versuchen. «Manchmal
glaube ich, es gibt keine Unterweisung, Sir.»

Sein edles Gesicht nahm einen ernsten Ausdruck an.
«Welche Nicht-Unterweisung meinen Sie? In meiner geistigen Richtung haben wir neunhundertneunundneunzig
verschiedene Arten der Nicht-Unterweisung. Wenn Sie
dem Bedeutung beimessen, kann ich Ihnen ein Papier
schicken.» Sein plötzliches Lächeln verriet, daß er selbst
dem nicht allzuviel Bedeutung beimaß. Ich fühlte mich
ermutigt. Meine bisherige Erfahrung mit Dazi und seinen
Lama- und Trappa-Freunden schien zu zeigen, daß die im
allgemeinen unbekümmerten und freundlichen Tibeter in
ihren Methoden sehr rigide sein können, wenn es darum
geht, den «Weg» zu gehen. Die Dinge hatten so und nicht
anders zu sein, und es gab heilige Bücher, um das zu beweisen. Dazi verbrachte oft Stunden allein im Zendo, hob
ehrfürchtig längliche lose Seiten seines alten Buddha-
Buchs hoch und murmelte die Texte vor sich hin. Er erzählte mir, er wisse Tausende von Verhaltensvorschriften
seiner Religion auswendig. Einmal unterbrach ich ihn,
deutete auf seine Papiere und sagte: «Alles Yak-Scheiße,
ehrwürdiger, erhabener Bruder Dazi-Kawa.» Er verstand
nicht, was ich meinte, aber ich hatte ein Paar Kuhhörner
mitgebracht, die hielt ich nun über meinen Kopf, hockte
mich hin und imitierte Furzgeräusche. Dazi war interessiert. «Wirklich? Buddhistische Regeln sind Kuhmist?
Wer sagt das?»

«Vielleicht nicht Mist, aber Buddha selbst meinte, daß geschriebene Regeln überflüssig sind», sagte ich. Ich erzählte ihm von dem chinesischen Buch «Monkeys Pilgerfahrt», wo dem Mönch und seinem Affengehilfen, als sie schließlich Buddha-Land erreichen, in drei Weidenkörben alle heiligen Texte des Buddhismus übergeben werden.

Dazi hatte davon gehört. «*Tripitaka.*»

Drei Körbe mit buddhistischen Lehrsätzen, die nach China zurückgebracht werden sollen. Auf dem Weg vom Himalaja herab ergreift ein Sturm die Körbe, und die Papiere werden durch die Luft gewirbelt. Der Mönch, der wie gewöhnlich jammert, bringt Monkey dazu, ihm zu helfen, soviel wie möglich einzusammeln und wieder in die Körbe zu legen. Monkey sagt: «Herr? Habt Ihr bemerkt, daß diese Papiere alle leer sind?» Und sie gehen wieder nach Buddha-Land zurück, um die geschriebenen Lehren zu holen, doch Buddha, anstatt sich zu entschuldigen, daß er ihnen beim erstenmal nichts gegeben hat, sagt zu dem Mönch: «Die leeren Blätter enthalten meine wahre Lehre, Regeln, die aufgeschrieben werden können, sind überflüssig.» Der Mönch lädt die geschriebenen Lehren auf sein weißes Pferd, verneigt sich und geht. Auch Monkey bricht auf, aber er blickt über seine Schulter und lächelt Buddha zu. Buddha lächelt zurück. Er hält eine Hand hoch, deren drei Finger ausgestreckt sind und Daumen und Zeigefinger sich berühren.

Ich demonstrierte es.

«Okay», übersetzte Dazi-Kawa. Er hatte das Handsymbol oder *mudra* in der Stadt gesehen, nach einem Fußballspiel, bei dem die Amsterdamer Mannschaft gewonnen hatte.

«Stimmst du zu?» fragte ich.

«Vielleicht», sagte Dazi ernst. Auch der Rimpoche

blickte ernst, als ich das Thema der Nicht-Unterweisung, des Bereits-dort-Seins, der Äußerung des Herz-Sutras «und es gibt keinen Weg» anschnitt. Aber was wußte ich schon? Ich wollte meine mangelnde Einsicht nicht mit der überragenden Erleuchtung eines Rimpoche, einer anerkannten Inkarnation, eines Lebenden Buddhas vergleichen, der die schwierigsten Texte aus dem Sanskrit und dem Tibetischen ins Englische und am Ende wahrscheinlich in mein eigenes gutturales Holländisch übersetzte. Ich dankte ihm für die Empfehlung an seinen Kollegen in England. Ich hatte vor, dorthin zu gehen. Ich war nicht auf Zen festgelegt. Ich wollte nur Einsichten. Vielleicht heiligt das Ziel die Mittel, jedes Mittel, wie zum Beispiel das Verbrennen von Statuen aus Butter, das Tanzen von Lama-Tänzen mit meiner Frau und das Massakriertwerden von Chinesen.

Rimpoche lächelte traurig. «Massakrierende Chinesen sind eine buddhistische Lektion.»

14 Es war die einzige Art, auf die Rimpoche hier sein konnte

dies waren die sechziger Jahre. England hatte noch Züge, in deren Lokomotiven Kohle verheizt wurde, und Kellner in Eisenbahnuniformen gingen herum und gossen heißen Tee, bereits mit Milch und Zucker gemischt, aus verbeulten Kesseln in angeschlagene Becher. Der Tibetische Tempel befand sich in Schottland, in einem umgebauten Landhaus, das ursprünglich einem alleinstehenden und kinderlosen Adligen, einem ehemaligen Sahib, gehörte, dem es leid tat, den Fernen Osten ausgebeutet zu haben und der es der buddhistischen Sache vermacht hatte. Der Zug puffte zwischen niedrigen grünen Hügeln dahin, die zumeist in dichtem Nebel steckten. Dazi-Kawa hatte auf Schnee gehofft, aber es war noch Herbst. Da waren schottische Langhaarkühe mit breiten Gesichtern und eindrucksvollen langen Hörnern, die auf nassen Feldern grasten. «Yaks!» schrie mein Trappa-Gefährte, während er auf seinem Sitz auf und ab sprang. Er öffnete das Fenster und muhte den Rindern zu. Sie sahen träge zu der wild winkenden Gestalt hoch, die ihnen etwas auf tibetisch zurief. «Alles in Ordnung?» fragte ein vorbeikommender Schaffner. «Yaks!» flüsterte Dazi-Kawa. «Es ist alles in Ordnung», sagte ich, «er hat Heimweh, wissen Sie.» Der Schaffner wußte es nicht. Er blieb bei uns, bis Dazi sich beruhigt hatte.

Dazi-Kawa, im strengen Potala nach strikten Regeln ausgebildet, war über die, wie er es nannte, «schlampige Schulung» im Tempel des jungen Lebenden Buddhas bestürzt und brach nach ein paar Tagen zu dem britischen weiblichen Superstar auf, den er in Amsterdam kennengelernt hatte und in dessen Villa außerhalb Londons er bald seinen Dienst antreten würde. Bevor er die schottisch-tibetische Einsiedelei verließ, sagte er mir, daß er an den falschen Ort gekommen sei. Dazi war zornig geworden, wann immer er mit dem Rimpoche zusammen war, aber ich mochte den Abt, eine gutaussehende, in majestätische Gewänder gekleidete Erscheinung Ende Zwanzig mit einem kräftig orangefarbenen Hautton und «Engels»-Augen, die mich an den klingenden Blick des singenden Cowboys Roy Rogers erinnerten. Frauen liebten allein schon den Anblick von Rimpoche. Auch Männer fühlten sich von seiner starken Aura angezogen. Er hatte uns kurz in der Halle begrüßt und gesagt, er habe später mehr Zeit. Dazi sprach mit seinen in Roben gehüllten Landsleuten, während ein sehr kleiner Engländer, ebenfalls mit Robe bekleidet, mir mein Zimmer zeigte. Der britische Mönch sprach mit einem Oxford-Akzent und unterstrich die meisten seiner Äußerungen mit ausladenden Gesten. Henry (er hatte auch einen tibetischen Namen, doch für mich sah er immer eher wie Henry aus) hatte keine voll funktionsfähigen Beine. Ich hatte kaum meine Tasche ausgepackt, als er wieder zurück war, sich auf die eine seiner Krücken stützte und mit der anderen auf mich deutete. «Rimpoche möchte Sie jetzt sehen.» Er ließ die Botschaft wie etwas ganz Besonderes klingen. Ich glaube, er hatte recht. Es ist kein alltägliches Ereignis, mit einem Hohen Priester aus dem entferntesten Land dieses Planeten zusammenzutreffen. Das sagte ich auch. Henry lächelte ernst. «Und noch dazu ein Buddha.»

Rimpoche empfing mich in einem großen, verschwenderisch mit orientalischen Teppichen und vergoldeten Altären ausgestatteten Raum. Da waren gerahmte Fotografien von orientalischen Weisen in Amtstracht an allen Wänden, und auf einem Sockel aus poliertem Marmor saß ein lebensgroßer schwarzer Holzbuddha. Ich streckte mich auf dem Boden aus, so wie in Japan, wenn es einen hohen Priester zu begrüßen galt, und dankte ihm für die Erlaubnis, mich in seinem Tempel aufzuhalten. Es gab keine Stühle, also kniete ich. «Haben Sie es bequem?» fragte Rimpoche. Ich antwortete, daß ich nach meiner Zazen-Praxis jetzt daran gewöhnt sei, es unbequem zu haben. Er stellte mir Fragen zur Zen-Schulung in Japan. Ich erkannte bald, daß er mehr über Koans wußte, als ich jemals wissen würde, und daß er sich nur den Anschein gab, neugierig zu sein, um mich aus der Reserve zu locken. Was ich in seinem Tempel wolle? Ich sagte, daß ich versuche, den «Weg zu gehen». Er lächelte. «Wie interessant.» Rimpoche sprach einwandfreies Englisch, gelernt, wie ich später von dem englischen Mönch erfuhr, an einer britischen Elite-Universität in bemerkenswert kurzer Zeit. Außerdem hatte er Diplome in Kunst, Philosophie und Religion erworben. Als anerkannte Inkarnation eines voll erleuchteten Geistes hatte er sich offenbar mit einem brillanten Verstand ausgerüstet. Der englische Mönch ließ seine Krücken fallen, kniete nieder und servierte Tee aus einer Porzellankanne. Er verließ den Raum, seinen kleinen Körper rückwärts schwenkend. «Henry möchte nach Indien gehen, um heilig zu werden», sagte Rimpoche, während der Mönch noch in Hörweite war. Rimpoche hatte ein jungenhaftes Grinsen und eine angenehme Stimme. «Haben Sie ein besonderes persönliches Problem? Suchen Sie nach einer Lösung? Wollen Sie, daß ich Ihnen dabei helfe?»

Ich dachte an den Vater des Surrealismus, Marcel Duchamp, von dessen Arbeiten ich an den Wänden meines Studierzimmers zu Hause Fotografien hängen hatte. «Es gibt keine Lösung, weil es kein Problem gibt», sagte Dadas Papa, als er gefragt wurde, ob ihm die Herstellung von Kunstwerken mit Titeln wie *Mit einem Auge (auf der anderen Seite des Glases) fast eine Stunde lang aus der Nähe zu betrachten* oder *Why not sneeze Rose Selavy* Probleme bereite. Ich zitierte Duchamp nicht, obwohl ich dachte, und das denke ich immer noch, daß seine Antwort richtig war, daß es in Wirklichkeit nie ein Problem gab und daß die sogenannte Lösung nur dann erforderlich ist, wenn man die Dinge durch die Verzerrungen des Ichs betrachtet. Die Dinge sind in Ordnung, allein unser Egoismus macht sie falsch. Davon bin ich gewöhnlich so lange fest überzeugt, bis ich einen Hund an einer kurzen Kette sehe oder ein Seehundbaby, das nach seiner verlorenen Mutter jammert. Seehundjunge können heutzutage gerettet werden, es gibt eine Stelle in Massachusetts, die sie aufnimmt und sich um sie kümmert, aber Hunde an kurzen Ketten sind in meinem Heimatstaat legal, und ihre Besitzer sind gewalttätig und reizbar. Greuel wie diese veranlassen mich, meine Position zu überdenken. «Es gibt kein Problem?» frage ich mein verzerrendes Ich. «Sag das dem Hund, der bei zu wenig Wasser auf einer heißen Schwelle schwitzt.»

Der anerkannten Inkarnation, die hinter ihrem rotlakkierten Tisch hockte, sagte ich, daß ich kein persönliches Problem hätte, über das zu reden sich lohne. Ich möchte es nur gern sicher wissen.

«Was wissen?»

«Daß es keinen Sinn gibt.»

«Sie glauben, daß es keinen Sinn gibt?»

«Ich möchte gern sicher wissen, daß es keinen Sinn gibt.»

«Warum möchten Sie das?»

«Weil, wenn es einen Sinn gäbe, alles zu unannehmbar wäre.»

«Unannehmbar wie zum Beispiel was?»

«Nun», sagte ich, «wie zum Beispiel der chinesische Genozid an Ihrem Volk.»

Er schüttelte den Kopf. «Tibet ist erledigt.» Seine Augen waren traurig, aber das Lächeln war das gleiche wie das Lächeln auf dem Gesicht des schwarzen Buddhas hinter ihm, das mir nicht Annehmen, sondern etwas jenseits von Annehmen auszudrücken schien.

Wir tranken weiter Tee, den Rimpoche diesmal selbst einschenkte, und er erzählte mir von einem Film über das Leben von T. E. Lawrence («Ich mag Action.») als britischer Held im Ersten Weltkrieg, den er vor kurzem gesehen hatte. Dann kündigte Mönch Henry das Abendessen an, und wir gingen alle zu einem ausgiebigen Mahl in die Küche. Es bestand aus einem Reisbüfett mit Beilagen, die in Schalen aus Holz, Ton und Plastik geschöpft wurden. Die Eßstäbchen sahen selbst gemacht, wie aus Holzresten geschnitzt, aus. Alle Mahlzeiten liefen nach demselben Muster ab: Jeder, einschließlich der Gäste, half Rimpoche und seinen Mönchen abwechselnd kochen, bedienen und aufräumen. Wenn eine Mahlzeit fertig war, schlug derjenige, der gekocht hatte, einen Gong, und die Leute strömten herein. Man konnte sitzen, wo man wollte, und gehen, wenn man fertig war. Ich erinnerte mich an meine Zen-Mahlzeiten im Sodo der Kiotoer Mönche: keine Unterhaltung, der Vorsteher fängt an, jede Bewegung, jedes

Eßwerkzeug, jede Schale ist reglementiert. Mönche in schwarzen Roben essen mechanisch aus schwarzen Schalen. Glocken und Klappern bestimmen Anfang und Ende. Keine Frauen. Keine Kinder. Der Klosterhund wird angebrüllt, bis er, Protest knurrend, die Halle verläßt. Laien tragen schwarze Jeans und Pullover. Der Jikki-jitsu, der Meditationsleiter, steht auf, alle stehen auf, er läßt seine Männer zum Zendo marschieren, wobei er mit einer Handglocke den Takt schlägt. Kling-Klang. Hinsetzen. Zurück zum Koan. Sich nicht um blutsaugende Käfer kümmern. Entleerungsbedürfnisse unterdrücken, einhalten bis zur nächsten Toilettenpause. Die Fliegen warten.

Als ich nach dem Abendessen auf dem tibetischen Tempelgelände umherwanderte, traf ich eine dreißigjährige Schwedin, der mehrere Zähne fehlten. Sie fütterte ihren Esel und erzählte mir, das Tier habe sie in einem Karren durch ganz Nordindien gezogen. Während der Reise hatte sie zwei Söhne geboren, wer die Väter waren, wußte sie nicht. «Mit welchem Geld hast du die Reise finanziert?» fragte ich. Sie sagte, ihr Vater habe ihr immer zur nächsten Station, die sie in einer Postkarte erwähnte, Travellerschecks geschickt. Ihre Jungen, zwei intelligent und gesund aussehende kleine Kerle, brachten einen Eimer mit kühlem, klarem Wasser, knisternd frisches Heu und appetitlich aussehendes Futter in einem Sack. Der Esel liebkoste ihre lebhaften Gesichter. Er hatte selbst ein hübsches Gesicht. Ich kratzte ihn zwischen den langen, kurzhaarigen Ohren.

Ingrid fragte, was ich in der Einsiedelei tue. Sie ließ mich nicht antworten. «Du wartest hoffentlich nicht auf Godot. Godot ist nie fort gewesen. Das weißt du doch, oder?» Ich lachte höflich. «Nicht wirklich», sagte Ingrid, «er ist du, du bist er.» Sie hielt mein Handgelenk. «Auch ich bin er.» Ich befreite meinen Arm, murmelte etwas Unhöfliches auf holländisch und setzte meine Erkundung des Geländes fort. Ungebetene Belehrungen ärgern den Nicht-Erleuchteten immer. Sich auf einem Eselskarren südlich des Himalajas herumzutreiben, sollte das die Antwort sein? Vielleicht war sie so gut wie jede andere. Die übliche holländische Methode (früh zu Bett gehen, früh aufstehen, arbeiten, sparen, wenn man aufpaßt, gibt einem die Königin einen Orden) hatte mir nie viel gebracht. War ich nicht daran interessiert, alle Werte zu ignorieren? Ich fragte mich, was wohl mein Vater von Ingrids alternativem Lebensstil gehalten hätte. Er hätte ihn vielleicht nicht mißbilligt, jedenfalls nicht am Ende seines Lebens. Ich habe ihn nicht sterben sehen, aber mein Bruder erzählte mir, daß Paps die Zimmerdecke fragte: «Aber was hätte ich sonst tun können?» Er war sein ganzes Erwachsenenleben hindurch ein hart arbeitender Geschäftsmann gewesen, eine Tätigkeit, die ihn angespannt und unglücklich sein ließ. Meine Mutter sagte zu mir, daß mein Vater nie glücklich sein wollte, nur «nützlich». Was er war. Inwiefern? Nun, er half, wichtige Güter in der ganzen Welt zu verteilen, nützliche Zutaten, die das Leben besser machen, wie zum Beispiel Pfeffer. Sie sagte, mein Vater habe dazu beigetragen, daß jeder einen fairen Anteil Pfeffer bekam. Ich war ein kleines Kind und hatte, eines meiner Geschwister imitierend, Pfeffer auf einem gekochten Ei probiert, daran geleckt und mir die Zunge weh getan. Als ich den übrigen Pfeffer wegzublasen versuchte, mußte ich in mein Essen niesen. Ein paar Jahre später, als ich zur Schule gefahren wurde, hörte ich, neben dem Fahrer sitzend, wie mein Vater und ein Kollege Zahlen hinten im Auto aufsagten. Ich fragte den Fahrer, was die Zahlen zu bedeuten hätten. «Preise und verfügbare Tonnagen Pfeffer in verschiedenen Teilen der Welt», flüsterte der Fahrer. Er erklärte mir, daß die Firma, die mein Vater leitete, den Markt aufzukaufen versuchte. «Den Markt aufkaufen» bedeutet, alle verfügbaren Bestände eines Produkts zu kaufen, sie eine Weile zu behalten und dann zu überhöhten Preisen wieder zu verkaufen. Ich erkannte, daß mein Vater Mitglied einer egoistischen Verschwörung war, die ein Gut manipulierte, das der Mensch nicht zum Leben braucht, nach dem er aber süchtig geworden ist. Meine Mutter nannte eine solche Tätigkeit «nützlich»? Wieder einmal war ich schwer irregeführt worden. Ich sagte dem Fahrer, daß ich in Erwägung zog, meinen nicht mehr nützlichen Vater zu verstoßen. Er riet mir, der Versuchung zu widerstehen, da ich noch ein hilfloser Teenager sei und mein Vater für Essen, Wohnung, Kleider, ärztliche Behandlung und Schulausbildung aufkäme. «Wie willst du deinen Lebensunterhalt verdienen, wenn du nicht wenigstens eine Ausbildung hast?» Ich war der Meinung, ich bräuchte keine Sprachen und Mathematik zu lernen, um entweder Landstreicher oder Cowboy zu werden. «Landstreicher sehen die Welt, und Cowboys jagen Indianer, die von ihren Pferden fallen.»

«Ungebildete Landstreicher schlafen im Regen, husten und spucken Blut», klärte mich der Fahrer auf, «und unmathematische Cowboys sitzen bis zum Hals im Staub, während sie Vieh durch Wüsten treiben.» Er empfahl mir, Firmenfahrer zu werden. «Da hörst du Börsentips, kannst deine armseligen Ersparnisse in vermögensträchtige Anlagen stecken. Bei fester Börse verkaufen. Früh in Pension gehen. In Frankreich in der Sonne sitzen.»

Er war mein Held, bis ich ihn fünf Jahre später, während ich trampte, in seinem Zuhause in einem Erholungsort am Mittelmeer sah, wo er über einem Haufen leerer Heineken-Flaschen lustlos in einer Hängematte hin und her schaukelte. Er rülpste, als ich ihn fragte, was los sei. «Nicht viel», sagte sein Kamerad. «Er liegt einfach nur rum.»

Was sollte ich mit meinem Leben anfangen? War ich besser dran, wenn ich tibetischen Führern auf dem geistigen Weg Geld stiftete, damit sie mir zeigten, worum es wirklich ging, und ich schließlich auf einer essentiellen Ebene Wahrheit erfahren konnte? Konnte Rimpoche den Erwartungen an die teuren Erleuchtungsprogramme, wie in seinen Prospekten beschrieben, gerecht werden? Für den Augenblick amüsierte ich mich gut. Die frühmorgendlichen Zeremonien im Tempel waren beeindruckend. Wohlriechender Weihrauch glomm auf wenigstens sechs Altären, und die Mönche sangen zumindest so exotisch wie meine Zen-Tutoren in Japan. Außer dem englischen Mönch Henry, Ingrid und ihren Söhnen und drei älteren Engländern mit militärischen Schnurrbärten, sah ich keine weiteren westlichen Bewohner. Beim Frühstück erzählte Henry mir, daß es so etwa zehn britische und amerikanische Akolythen gab, die in den Wäldern hinter dem Haupttempel zurückgezogen in kleinen Hütten lebten und von Rimpoche vorgeschriebene spirituelle Übungen vollzogen. Er sagte, der Tempel habe sich auf Einzelklausuren unter Rimpoches Führung spezialisiert. Zuerst dauerten sie nur ein paar Tage, doch in den kleinen dunklen Häusern tiefer in den Wäldern konnten die Übungen über Monate, sogar Jahre gehen. Zukünftige Mönche erhielten Meditationsthemen und Programme, die genau vorschrieben, was sie in jeder Stunde zu tun hatten. Vor Tagesanbruch aufstehen, kurzes Waschen, zwei Stunden Meditation, Frühstück, Gymnastik auf dem Balkon, wieder Meditation, Mittagessen und so weiter. Auch Nickerchen enthielt der Plan, und sogar ein wenig Nachtruhe war vorgesehen, aber insgesamt war der Katalog entschieden spartanisch. «Hart», sagte Henry. Seine eigene Feuerprobe, ein dreimonatiger Aufenthalt, hatte ihn an den Rand des Wahnsinns getrieben. «Passiert dabei irgend etwas?» fragte ich. Henry hatte Ekstasen erlebt. «Hinterher ist so gut wie alles einfach. Wenn man solche Sachen übersteht, können einen andere Probleme kaum noch beunruhigen.»

Ich erinnerte mich, daß Han-san in Japan nach einer besonders anstrengenden dreimonatigen Schulungsphase gesagt hatte, er sei gestorben. «Ich bin tot. Ich habe mein Ego hinter mir gelassen. Ich bin nicht mehr hier. Ich bin frei. Nichts kann mehr passieren.» Er legte sich auf den Boden meines Zimmers und war eine Leiche. Dann sprang er auf und alberte herum. «Tote sammeln kein Karma an.»

Ich spazierte in die schottisch-tibetischen Wälder. Bei der dritten Hütte, einer ungestrichenen rechteckigen, halb hinter einer hohen Eiche verborgenen Baracke, entdeckte ich eine verzweifelt winkende Hand. Ich ging zu dem offenen Fenster hinüber, und ein junger Mann sah mich verstört an. «Wo ist mein Frühstück?» Ich erklärte ihm, daß ich ein Gast sei. Der Akolyth, der eine Robe trug, sagte, gewöhnlich werde er Tom genannt, aber bald, nach seiner jetzigen Bewährungsprobe, würde er einen tibetischen Namen, Jetsun, erhalten. «Sie machen mir das Leben schwer. Sie vergessen ständig, mir Essen zu bringen, und ich habe Rimpoche, der täglich vorbeikommen soll, heute noch nicht gesehen.» Tom sah prüfend auf seine Uhr. «Hätte schon vor Stunden hier sein sollen. Trinkt er wieder?»

Ich hatte Rimpoche bei der Morgenmeditation im Hauptraum des Tempels vermißt. Vielleicht war er krank? Das glaubte Tom nicht. «Feiert Parties», meinte Tom. «Das macht er oft. Er hat Freunde im Dorf. Auch Freundinnen. Da und dort. Kannst du mir was zum Frühstück bringen?»

Ich ging zur Küche hinüber und organisierte pochierte Eier, Toast, Marmelade, zwei Sorten Käse, frischen Orangensaft, eine Tulpe in einem Wasserglas. Ich trug das Tablett zur Hütte des Einsiedlers. Später während meines Aufenthalts wohnte ich einer Zeremonie bei, in der aus Tom Jetsun wurde.

Ich reiste noch mehrmals zu dem schottischen Tibettempel, spirituelles Wohlergehen mit einer kleinen geschäftlichen Unternehmung in England kombinierend. Jetsun lernte Tibetisch und studierte religiöse Schriften. Er zeigte mir Passagen wunderschön fließender Holzblockschrift. Manchmal meditierten wir gemeinsam, wobei wir uns bemühten, den Spektakel zu ignorieren, den die Krähen draußen machten. Er erzählte mir von den Zechereien, die oft bei Rimpoche stattfanden und an denen Jetsun, wie er sagte, selbst häufig teilnahm. «Teil der Schulung hier. Wir überwinden unsere Macken.» Er witzelte. «Ich kriege davon nur einen Kater. Hasch hilft mir bei der Kontemplation, aber bei Alkohol weiß ich nicht, dieser ganze schottische Whisky verursacht nur Chaos, und wenn er betrunken ist, vergreift sich Rimpoche an allen Mädchen.» Ich schenkte Jetsuns Klagen nicht viel Aufmerksamkeit. Ich war nicht auf der Suche nach «unserem Schatten», wie Jetsun es nannte. Ich liebte die bemalten Holzarbeiten im großen Tempelraum, die improvisierten Abendessen, nach denen jeder selbstgedrehte Zigaretten rauchte, das Sutra-Singen und die entspannte Gruppenmeditation ohne patrouillierende Mönche, die einem auf den Rücken schlugen. Immer wenn Rimpoche mit mir sprach, aktivierte ein elektrischer Strom meine Wirbelsäule. Ingrid und ihre Söhne hatten den Eselskarren heim nach Malmö genommen, dafür kamen und gingen andere ungewöhnliche Charaktere. Dieser Ort war eine spirituelle Version der britischen Komödienserie *Fawlty Towers*. Schon meine Geschäftsroutine zu unterbrechen war ein Vergnügen für sich.

Rimpoche hatte mich nie mit besonderer Aufmerksamkeit behandelt, aber eines Abends kam Mönch Henry in mein Zimmer und verkündete feierlich, daß der Lebende Buddha bereit sei, mich als Laienschüler anzunehmen. Ich lehnte ab, da ich gerade einen Brief von Sensei erhalten hatte. Sensei war während meines Aufenthalts in Japan eng mit Roshi, meinem japanischen Lehrer, verbunden gewesen. Wir waren in Kontakt geblieben. Roshi war inzwischen gestorben, und Sensei schrieb mir in seinem Brief, daß er nach Beendigung seiner langen Ausbildung Japan verlassen und sich nun selbst als Zen-Meister in den Vereinigten Staaten niedergelassen habe. Er sei bereit, mich zu unterrichten. Es erschien logisch, daß ich ihn dort besuchen würde und sogar erwog, vielleicht ganz nach Amerika zu ziehen, um sein Schüler zu werden. Ich entschied, daß ich der über Roshi laufenden Karmalinie folgen wollte. Rimpoche akzeptierte meine Entschuldigung und sagte, er würde Sensei gern kennenlernen, da er einen Kontakt in den USA suche, «vielleicht tauschen wir Schüler aus». Alles schien sich hübsch ineinanderzufügen. Er nahm mich zu einer Fahrt aufs Land mit. Lebender Buddha und holländischer Kaufmann gemeinsam in einem Rover.

Rimpoche hatte das Auto von seinen in London ansässigen Geldgebern, die ihn unterstützten, bekommen, und er nahm oft weibliche Schülerinnen zu Ausflügen an die Küste mit. Einen Monat später, als ich in Amsterdam war, störte ein Unfall die Tempelroutine. Rimpoche, der sich nach dem Besuch eines Pubs in der nahegelegenen Stadt, begleitet von seiner Lieblingsmätresse, auf dem Heimweg befand, fuhr gegen einen Baum. «Durch Alkohol verursacht», schrieb Jetsun. «Der schnittige Rover ist Schrott. Beth hat nichts abgekriegt, aber Rimpoche ist an der Wirbelsäule verletzt und kann seine untere Körperhälfte nicht mehr bewegen. Die Ärzte sehen kaum Chancen für eine Besserung, doch er meint, es käme alles wieder in Ordnung, er werde die Wirbelsäule mittels heilender Konzentration und schamanistischer Behandlungen kurieren. Er fährt in einem Rollstuhl umher, Beth kümmert sich um ihn. Inzwischen geht hier alles seinen Gang. Bald werden die meisten von uns sich in Klausur einschließen. Ich hoffe, du sitzt auch. Führe das gute Werk fort.»

Welches gute Werk? Ich erzeugte und verkaufte teure Handarbeitsartikel, Produkte, die bei Damen mit viel Freizeit in Mode waren. In meinem zweiten Beruf ging ich als Hilfspolizist in der Innenstadt Streife, zeigte Touristen, die sich verirrt hatten, den Weg, meistens ins Hurenviertel, denn dahin wollten sie immer alle. An Sonntagen hielt ich Morgensitzungen in unserem kuriosen Zendo ab. Ich war Ehemann und Vater. Ich schickte Jetsun eine Ansichtskarte von einem Giebelhaus mit Frauen in den Fenstern. «Führ du das gute Werk fort, wir sind hier nur beschäftigt.»

Rimpoche tauchte in Amsterdam auf. Er hatte die Roben des Ordens, den er geleitet hatte, abgelegt (sagte, er betrachte sich jetzt als Zivilisten ohne Rang). Sein Brooks-Brothers-Anzug verlieh ihm das Aussehen eines goldenen Miles Davis. Mätresse Beth, im Minirock, schob die hoheitsvolle Erscheinung in seinem Rollstuhl. Das spektakuläre Paar erregte Aufsehen auf dem Flughafen Schiphol. Rimpoche wollte noch am selben Abend das Rotlichtviertel sehen. Er wollte, daß ich das Auto am Rande des Viertels parkte, da er es vorzog, das wollüstige Schauspiel von seinem Rollstuhl aus zu betrachten. Er sah sich neugierig um und nippte währenddessen an einer Flasche zollfreiem Cognac, die er in der KLM-Maschine gekauft hatte und die in einem Metallhalter an seinem Rollstuhl steckte. Wir tranken auch Gläser schäumenden gezapften Biers in Kneipen.

Es war Frühling, dekorative Obstbäume blühten in der Altstadt. Schwarze Drosseln sangen in Rinnsteinen und auf Hausdächern. «Du machst deine Sache gut», sagte Beth zu mir. «Diese Art von Ausflug entspannt ihn. Er braucht das für seine Konzentration. Er richtet seine Willenskraft darauf, daß seine Beine wieder funktionieren. Sein Zustand bessert sich tatsächlich rasch.» Sie waren in einem Hotel untergebracht, und meine Frau und ich fuhren sie eine Woche lang herum. Rimpoche trank ständig und war manchmal gereizt. Meine Frau wollte gerade auf eine Fliege hauen, die sie beim Abendessen belästigte, als Beth schrie: «Töte kein fühlendes Wesen!» und dafür von Rimpoche einen Schlag auf den Kopf erhielt mit der Aufforderung, ihre Stimme zu dämpfen.

Das Vergnügungsviertel war ein Magnet. Bald nach Rimpoches Besuch führte ich Sensei durch die Gassen, in denen junge, fast nackte Frauen ihre Körper hinter Glas verdrehten. Er fragte, ob es auch attraktive junge Männer in den Fenstern gebe. Ich sagte, die gebe es. «Zeig sie mir», sagte Sensei.

Ich konnte mich vor dem Richter des Jenseits stehen sehen. «Was hast du auf der Erde gemacht?»

«Ich habe Buddhas als Führer gedient.»

«Wohin hast du diese Buddhas geführt?»

«Durch die Grachten von Amsterdam, Euer Ehren.»

«Huren ansehen?»

«Huren ansehen, Herr.»

«Haben sie diese fühlenden Wesen physisch besessen?»

«Richtig», sagte ich. «Fühlend. Gewahr. Buddhas haben ein Gelübde abgelegt, als sie noch Bodhisattwas waren. Das Gelübde, alle mit einem Bewußtsein ausgestatteten Wesen zu retten, bevor sie Buddhas werden. Aber sie haben sie nicht gerettet, Euer Ehren, sie haben …»

«Haben sie diese fühlenden Wesen physisch besessen?»

«Das weiß ich nicht, Euer Ehren. Nicht, als ich bei ihnen war.»

«Was glaubst du?»

«Ich glaube, sie gingen später wahrscheinlich allein zurück.»

«Und glaubst du, daß es deine Aufgabe auf Erden war, Buddhas den Weg zu fleischlicher Lust zu weisen?»

Mein kalvinistischer Kern regte sich, aber meine Frau besänftigte meine Sorgen darüber, woran sich erleuchtete Geister in puncto fleischlicher Lust erfreuen sollten oder nicht. «Buddha hatte einen Harem, als er ein Prinz war.»

«Was wissen *wir* denn?» fragte sie. «Und was *kümmert* es uns?»

Dazi-Kawa kümmerte es, er wollte nichts mit Rimpoches fleischlichen Aspekten zu tun haben. Auch mit Sensei wollte er nichts zu tun haben und weigerte sich, mit ihm in unserem Innenstadt-Zendo zu sitzen. Dazi reiste während jener Zeit ab, um sich seinem britischen Superstar anzuschließen. Er schickte mir eine Ansichtskarte, auf der der Tower abgebildet war. Der Text lautete: «Ich bin jetzt glücklich.» Ich hörte, daß er seine Roben nur zu Zeremonien im privaten Schrein des Stars trug und mit keinem außer seiner Herrin über Religion sprach. «Sie haben eine Abmachung», sagte meine Informantin. «Sie kümmert sich um seine Bedürfnisse hier, er verschafft ihr einen leichten Übergang in einen wirklich schönen Himmel.»

Ein halbes Jahr später tauchte Tom/Jetsun, jetzt Mönch, aber mit Designer-Jeans, Frackhemd und Leinenjackett bekleidet, auf, um seinerseits durch Amsterdams Labyrinth verschlungener Gassen geführt zu werden. Während wir umhergingen und gafften, bot Jetsun mir ständig Plätzchen an, von denen er sagte, er habe sie im schottischen Tempel gebacken. Ich begann mich rasch schwindlig zu fühlen. In Afrika hatte ich Haschisch geraucht (und die Erfahrung nicht sonderlich geschätzt, ich zog trockenen Kap-Wein vor, der sowohl berauschend als auch legal war), wußte aber nicht, daß man die Droge essen konnte. «Du hättest es mir sagen müssen», hielt ich Jetsun vor. «Es ist ein Verbrechen, jemandem ohne seine Zustimmung Rauschgift zu verabreichen. Wir hätten kalten Genever trinken können.» Meine Beine waren elastisch geworden und nicht sehr willig, mich zum nahegelegenen Zendo zu tragen. Wir schwebten über unseren Meditationskissen, während Jetsuns vierdimensionale Stimme mir von seiner jüngsten Reise nach Indien als Rimpoches Assistent erzählte. Sie hatten in Höhlen des Himalaja, dicht an der tibetischen Grenze, meditiert, und alles war dort gutgegangen – Jetsun hatte Einsichten, Gestaltwechsel, Erleuchtungen, Befreiungen, Reisen in das Reich des höchsten Verstehens erfahren, doch später, als sie in Häusern wohlwollender Buddhisten in Kalkutta wohnten, trank Rimpoche wieder schwer und verursachte Probleme, indem er die weiblichen Mitglieder der Haushalte belästigte. Nachdem sie wieder einmal von einem erbosten Vater und Ehemann hinausgeworfen worden waren, machte Jetsun seinem außer Kontrolle geratenen Mentor Vorhaltungen. Rimpoche war verärgert. «Er sagte, ich solle verschwinden», erzählte mir Jetsuns donnernde Stimme (meine unter Drogen stehenden Ohren spielten seltsam verrückt). «Er zerriß mein Flugticket. Ich bettelte in den Straßen, um das Geld für eine Dritte-Klasse-Passage auf einem rostigen Frachter zusammenzubekommen.» Jetsun machte langsame Bewegungen mit Armen, die mir unglaublich lang erschienen. «Ein weißer Bettler in buddhistischer Robe in Indiens ärmster Stadt? Und Rimpoche, der immer noch Ehefrauen, Töchter, Dienstmädchen, Nonnen, die *Katze* verführte?» Jetsuns dröhnendes Gelächter erschütterte den Zendo. «Er ist wahnsinnig attraktiv!»

Ich wollte sagen: «Und wir hier sind high, sollten wir einem Narren folgen?» Aber meine Lippen waren taub. Während ich kämpfte, um mich verständlich zu machen, konnte ich andere Stimmen sprechen hören. Nietzsche sagte: «Es gibt keine absoluten Werte, nur vorübergehende Werte, die nicht mehr als einen selbsternannten Status haben.» David Hume: «Da ist nichts, war auch nie etwas, wir haben es alles erfunden.» Die Humanistin im holländischen Fernsehen: «Aber wir können doch immerhin nett zueinander sein, oder? Bitte?» Baba auf dem Logan Airport: «Verschone mich mit deinen Enttäuschungen und persönlichen Zweifeln. Das ganze Zeug sollte dich ebenfalls nicht interessieren.»

Rimpoches achtzehnter Hochlama-Körper (siebzehnmal war er zuvor wiedererkannt worden), durch sein aufreibendes Leben geschwächt, starb, als er kaum vierzig war. Ich erwähnte die Tatsache gegenüber einer Mohawk-Schamanin, die in Neuengland Vorträge hielt und in unserem Haus wohnte. Ihre Augen weiteten sich, als sie sich die Bilder vorstellte, die ich vor ihr entwarf. Das Verlassen treuer Schüler. Unzucht. Mißbrauch von Geldern. Betrunkener Leichtsinn. Tödliche Suchten. Eine strahlende, unwiderstehliche Erscheinung, deren Lehren jetzt den Globus erleuchten. Eine gestörte Persönlichkeit? Voller schlechter Gewohnheiten? Ist ein Heiliger Regeln unterworfen?

Ich wußte, daß sie in der Mongolei nicht nur bei Schamanen, sondern auch bei buddhistischen Lamas studiert hatte. Rimpoche, aus Osttibet stammend, kam aus einer sowohl buddhistischen als auch schamanistischen Tradition.

Es herrschte Schweigen. Ich wußte, daß die Mohawk-

181

Dame eine liebevolle Frau war, eine Mutter, eine Ehefrau, zuverlässig in finanziellen Dingen, eine produktive Gärtnerin, politisch für das Wohlergehen ihrer Rasse engagiert, ferner eine hingebungsvolle Lehrerin und Führerin für jeden ernsthaften Schüler, der sie darum bat. Die Schamanin faßte sich. Ihre großen schwarzen Augen funkelten. «Ja», sagte sie, «ich habe früher schon gehört, daß so etwas passiert. Es war wahrscheinlich die einzige Art, auf die Rimpoche hier sein konnte.»

15 Des Meisters Füße drehen sich vor deinem Kopf nach rechts

bobbie-san, der amerikanische Mönch, der seine Zen-Ausbildung in Japan beendet hatte, aber in Ungnade gefallen war, weil er sich weigerte, den Beruf eines Lehrers zu ergreifen, tauchte wieder auf. Es war ein Zeitraum verstrichen, der nicht gar so lang erschien, aber doch mehr als zwanzig Jahre umfaßte. Unsere Körper waren nicht mehr so biegsam, wenn wir in oder aus Autos stiegen, wir konnten nicht ohne Lesebrille lesen, wir trugen beide Spitzbärte, die aussahen, als seien sie nachlässig geweißelt worden. Ich benutzte einen Spazierstock, wenn ich bergauf ging. «Wie geht es dir?» fragte ich, als er aus seinem Mietwagen stieg. Er sagte «gut», kam mir aber zerbrechlich vor. Er erzählte mir, er sei auf den Spuren seiner Vergangenheit und würde gern ein paar Tage bleiben. Er zog in das Nebengebäude ein, in dem er früher schon gewohnt hatte, und breitete seinen Schlafsack auf dem nicht allzu bequemen Bett aus. Da waren noch derselbe Propangaskocher und der kleine Holzofen, beide etwas rostig. Wir aßen Nudeln mit Pilzsauce, geräuschvoll schlürfend, und erinnerten uns an die schlechten alten Zeiten, als wir noch arroganter waren und mehr Energie zu egoistischem Verhalten besaßen. Er verengte seine seltsam grünen Augen, die nicht zu einem Gesicht zu passen schienen, das nach vierzig Jahren der Assimilation an japanischen Umgebungen beinahe vollkommen orientalisch geworden war. Er grinste, nachdem wir zeremoniell gerülpst hatten und unseren Tee schlürften. «Willst du mich wieder auf die Probe stellen?» Ich sagte, das würde ich nicht wagen. Bei unserer ersten Begegnung hatte ich ihn auf verschiedenartige Weise «getestet», weil ich mir nicht die Gelegenheit entgehen lassen wollte, einen Heiligen, einen Weisen, oder wie immer man einen Menschen im selbstlosen Zustand nennen mag, zu verstehen. Auch Sensei hatte eine umfassende Zen-Schulung absolviert, aber als Laie, und nie das Siegel der endgültigen Bestätigung erhalten. Bobbie-san hatte mit Erfolg seine Sodo- und Zen-Ausbildung abgeschlossen, erst als Mönch, dann als Priester. Für mich bedeutete das in jenen früheren Tagen, daß er alles gelernt hatte, folglich war es das. Keine Koans mehr. Was passiert also nun? (Inzwischen wußte ich es besser – es passiert nicht viel, außer daß manche Leute verrückt werden wie eine von Senseis Schülerinnen, die, nachdem sie alle Koans in Senseis Buch gelöst hatte, mit der erlangten Freiheit nicht fertig wurde und für den Rest ihres Lebens ernsthafter Behandlung bedurfte.) Während jener ersten Begegnung war ich sicher, daß ich meine spirituellen Einsichten nicht mit Bobbie vergleichen konnte, aber ich hatte mir eine andere Methode überlegt, seinen Status zu analysieren. Ich war immer in der Auffassung bestärkt worden, daß Zen-Leute, die ihr «wahres Wesen erkannt» haben, außerordentlich praktisch veranlagt sind. Ichlose Wesen können nicht besiegt werden. Ganz gleich, was passiert, sie breiten ihre spirituellen Arme aus und segeln anmutig über die Hürde.

Zen-Rambo.

So nannte ich Bobbie-san jetzt, und er lachte. «Ich habe geprahlt, was? Zen-Rambos tun das nicht. Du hast Mängel an mir festgestellt.»

Die Mangelhaftigkeit war gegenseitig. Welcher Gastgeber benutzte seinen Gast als spirituelles Versuchskaninchen, aber das war geschehen. Während jener ersten Begegnung gebrauchte ich meine eigene Umwelt, um den angeblich erleuchteten Besucher auf die Probe zu stellen. Da ich auf dem Land lebte, hielt ich mich fit, indem ich große Mengen Feuerholz für unsere Öfen, die einzigen Wärmespender in langen kalten Wintern, hackte und stapelte. Es war damals zu Beginn des Frühjahrs und nachts noch ziemlich kalt. Bevor Bobbie kam, machte ich ein Feuer in dem kleinen Ofen, der das Gästehaus heizte, und ließ ihm Anmachholz und Streichhölzer in einem Schrank da. Trockenes Feuerholz war draußen aufgeschichtet, in einem kleinen, teilweise hinter Gebüschen verborgenen Schuppen. Auch ein paar alte Zeitungen hatte ich in einer Schreibtischschublade zurückgelassen. Ich sagte ihm nicht, wo er diese Dinge finden konnte. Am nächsten Morgen traf ich meinen Gast sich unwohl fühlend und frierend an; das Feuer war ausgebrannt, und er hatte nicht daran gedacht, Brennmaterial und Streichhölzer zu suchen. «Hast du nachgesehen?» In der Hütte waren Kerosinlampen, die er nicht anzünden konnte, weil er keine Streichhölzer hatte, und er konnte die Streichhölzer nicht finden, weil er keine Taschenlampe hatte. Ein Zen-Mönch, der ohne Taschenlampe in eine unwirtliche Gegend reiste? Also wirklich, und ich hatte ihm eine Taschenlampe an einer ziemlich auffälligen Stelle dagelassen, trotzdem hatte er sie nicht gesehen.

Erster Test nicht bestanden.

Ich hatte gebackene Bohnen und andere Vorräte in der Hütte zurückgelassen, die er nicht zubereiten konnte, weil er nicht wußte, wie man den Propangasherd anmachte. Nicht nur, weil er die Streichhölzer nicht finden konnte, sondern weil die beiden Hähne am Herd kompliziert zu bedienen waren. Wieder Fehlanzeige. Na ja, egal. Vielleicht war er zu müde gewesen, um sich darum zu kümmern. Zeit fürs Frühstück. Ich nahm ihn zu einem späten Stapel Blaubeerpfannkuchen in die Stadt mit. Er war sehr scheu gegenüber der Kellnerin, einer recht freundlichen Frau, die sich nach seiner Zen-Robe erkundigte. Ich mußte für ihn sprechen. Es war offensichtlich, daß er ein Problem mit glücklichen drallen Damen hatte. Ob er wohl Holz hacken konnte?

Ja. Bobbie-san sagte, darin sei er Fachmann. Er war der Chefholzhacker im Sodo von Nagasaki, Experte mit der langstieligen Axt. Auch mit Holzhämmern und Keilen war er gut und natürlich mit Vorschlaghämmern. Er rieb sich die Hände. Er würde es mir beweisen.

Sobald wir meinen Arbeitsplatz erreichten, steuerte er auf die Sammlung krummer Stämme und knorriger Wurzeln zu, die ich ausgespart hatte. Ich riet ihm, sie in Ruhe zu lassen, er würde sich an ihnen den Rücken brechen; wenn der Haufen groß genug wäre, hätte ich vor, eine Motorspaltmaschine zu mieten. «Abgesehen davon würde man einen Monat brauchen, um das mit der Hand zu machen.» Er wischte meine Warnungen beiseite. «Ich kann das. Bitte, laß es mich machen.» Aber sicher. Schauen wir, wie der Bodhisattwa mit einem in drei verschiedene Richtungen gemaserten Eichenstamm umgeht. Er hämmert vorsichtig einen Stahlkeil ein, indem er mit der Rückseite eines Holzhammers auf ihn klopft. Dann holt er aus, um ihn mit einem mächtigen Schwung des

Vorschlaghammers zu treffen, doch er schlägt daneben und zerbricht den Griff des brandneuen Werkzeugs.

Er zerbrach auch den Griff des Holzhammers. Dann zerbrach er die Axt. Dann verlor er beide Keile irgendwo im Schnee.

Er hatte Entschuldigungen. Er trage eine neue Brille, an die er nicht gewöhnt sei, deshalb sehe er verschwommen. Er würde mir den Schaden ersetzen. Nee, das sei nicht nötig. Aber er habe Geld, versicherte er mir. Nee, es sei in Ordnung. Laien sollen Mönche unterstützen. Um meine Werkzeuge reparieren zu lassen, fuhr ich in die Stadt, nachdem ich zugesehen hatte, wie er meinen Traktor, an den wir einen Karren angehängt hatten, startete. Er wollte Holz, das bereits gehackt war, zum Haus bringen und dort aufschichten. Er sagte, er wisse alles über Traktoren, denn im Sodo von Nagasaki sei er mehrere Jahre der Traktorfahrer gewesen. Die Traktoren dort waren japanisches High-Tech. Meine amerikanische Maschine war ziemlich schlicht.

Ein Feuerwehrfahrzeug stand in der Zufahrt, als ich von meinen Besorgungen zurückkam. Bobbie-san war mit dem Traktor durch einen Haufen trockener Holzspäne gefahren, von denen sich einige im Auspuffbereich festgesetzt hatten. Ein kleines Feuer war entstanden, und anstatt den Löscher, der an einer deutlich sichtbaren Stelle in der nahegelegenen Garage hing, zu benutzen, rannte er zum Haus, um meine Frau zu Hilfe zu rufen. Bis sie selbst aus dem Haus kam, hatten die Flammen den Tank des Traktors erreicht.

Bobbie-san bot wieder an zu bezahlen, aber ich war gut versichert.

Um die Gefühle meines Ärgers und seiner Scham loszuwerden, einigten wir uns, an jenem Abend in dem offenen Pavillon an der Küste über der Bucht buddhistische

Spezialprobleme zu diskutieren. Wir nahmen den kleinen Propangaskocher mit, um Wasser zu erhitzen, und ich machte Tee, der mit einem halben Krug Genever, dem starken alkoholischen Getränk meiner Heimat, versetzt war. Bobbie schlug vor, wir sollten Musashi sein. Musashi war der große mittelalterliche japanische Held, der sein Ich überwand und der beste Schwertkämpfer im ganzen Land wurde. Der vorbildliche Krieger tötete jeden Gegner, der es wagte, ihn herauszufordern, nachdem er ihn zuvor gewarnt hatte, doch unklugerweise kamen immer wieder welche, die er mit einem einzigen sauberen Hieb niederstreckte. Musashis brillante Schwertpraxis wird oft mit der Zen-Meditation verglichen. In Übereinstimmung mit einer Szene im Buch hatte ich Streifen von Zedernrinde mitgebracht, die wir in einem Hibachi, einem japanischen Kohlebecken, verbrennen konnten, um uns zwischen Schlucken heißen Genevertees die Hände zu wärmen. Das Verbrennen von Zedernrinde erzeugt, laut Musashis Buch, zarte Flammen und einen wahrnehmungssteigernden Duft. Die Geister schienen hilfreich zu sein, denn die Nacht war klar mit einem aufgehenden Vollmond. Es ging kein Wind, und wir konnten das gemächliche Plätschern der Wellen hören, die fast den Moosgarten unterhalb des Pavillons erreichten. Der Rahmen war ideal, es konnte nicht mißlingen, ich war sicher, daß ich von dieser glückverheißenden Begegnung zwischen einem qualifizierten Weisen und einem fortgeschrittenen Schüler mächtig profitieren würde. Bobbie-san und ich verneigten uns voreinander, füllten jeder das Glas des anderen aus dem auf dem Kocher erhitzten Krug, verneigten uns wieder, hoben unsere Getränke, schluckten, husteten, lächelten weise. Während wir immer mehr Alkohol konsumierten, um unseren Austausch auf dem richtigen erhabenen Niveau zu halten, bemerkte ich kaum, daß wir umhertorkelten und übertriebene Gesten machten, um unklare Ansichten und zweifelhafte Behauptungen zu unterstreichen. Wir wiederholten uns ständig. Wir stimmten einander ständig zu. Wir lachten viel, dann wurden wir rührselig. Ich hatte vorgehabt, unsere Begegnung auf das Koan Mu zu konzentrieren, aber weder Joshu noch der Mönch noch der Hund blieben an ihrem Ort. Schließlich ließ ich mein Glas fallen und zerbrach es, ich stolperte, und die Splitter verletzten mich am Bein. Auch Bobbie-san rutschte aus und verbrannte sich den Hintern, als er sich in den Hibachi setzte. Unsere improvisierten Bandagen hielten nicht. Wir verirrten uns im Wald auf dem Weg zurück nach Hause.

«Hat der Mu-Hund dich gebissen?» fragte meine Frau, nachdem sie mir ins Haus geholfen und sich um die Wunde gekümmert hatte.

Für den zweiten Besuch wurden keine Tests mehr inszeniert. Ich hatte ihn nicht fragen wollen, aber Bobbie-san erzählte mir, daß seine Suche nach Frauen, als er nach seinem ersten Besuch bei mir nach Japan zurückkehrte, nicht erfolgreich gewesen war. Er hatte es versucht. Er vertauschte seine Robe vorübergehend mit normaler Kleidung und rasierte sich ein paar Monate lang nicht den Schädel. Er war Fachmann für orientalische Studien und lernte die Lage genau kennen. Da er bei seinen Reisen durch das ganze Land meistens in Gasthäusern abstieg, war es leicht für ihn, die Bekanntschaft vieler empfänglicher Frauen zu machen, die vom fließenden Japanisch des interessanten Ausländers angenehm überrascht waren. Es gab viele Flirts, jede Art von Gelegenheit, ohne daß etwas dabei herauskam. «Andererseits bin ich nicht schwul», sagte Bobbie-san. «Ich bin sicher, daß ich nichts lieber täte, als Frauen intim kennenzulernen.»

«Hast du es aufgegeben?»

Er seufzte. Mit einer Frau zu schlafen? Vielleicht. Sein

philosophisches Problem des «großen Zweifels» zu lösen? Nein, aber er wußte nicht mehr, wie er es anstellen sollte. Er war jetzt eine Art sporadischer Priester, der manchmal seine Robe trug, manchmal nicht. Er hatte verschiedene akademische Grade erworben und unterrichtete als Lehrbeauftragter für Religion an Colleges. Er hatte Geld geerbt, so daß keine Notwendigkeit bestand, sich intensiv um einen Lebensunterhalt zu bemühen.

«Sitzt du noch?»

Er wünschte, ich hätte ihn das nicht gefragt. Das sei eine zu persönliche Frage. Säße *ich* denn noch, nachdem ich die obligatorische Schulung endgültig abgebrochen hätte? Na bitte. Auch ich wollte ihm keine ehrliche Antwort geben. Er hatte zwanzig Jahre lang vielleicht vier Stunden täglich gesessen, das sind fast dreißigtausend Stunden. Nicht einmal Buddha hatte so viel gesessen. Verflucht noch mal, Mann …

Okay, okay, es tat mir leid, daß ich gefragt hatte.

«Oben im Baum», sagte Bobbie-san. «Oben im Baum.»

Ich kannte das Koan. Es geht darum, eine Frage zu beantworten. Meister Kyogen sagte: *«Du bist auf einen hohen Baum geklettert. Du rutschst aus. Du klammerst dich mit dem Mund an einen Ast, deine Arme und Beine haben keinen Halt. Also, wenn ich nun unter dem Baum stehe und dich nach der Bedeutung des Buddhismus frage … wie? Antwortest du nicht, weichst du meiner Frage aus, antwortest du, stürzt du zu Tode. Wie wirst du nun meine Frage beantworten?»*

Wollte Bobbie-san jetzt meine Einsicht testen? Ich gab ihm die richtige Antwort. Wild mit den Armen fuchtelnd und mit den Beinen zappelnd, tat ich so, als hätte ich einen großen Gegenstand im Mund und spräche um ihn herum. «Unggghunnggghu.»

«Erinnerst du dich an den Rest des Koans?»

Das tat ich, man vergißt diese verdrehten Geschichten

nicht so leicht, nicht, nachdem man sie monatelang mit sich herumgetragen hat, bis es dem Lehrer schließlich zu dumm wird und er selbst die Antwort gibt. *Ein älterer Mönch sagt zu Meister Kyogen: «Nichts gegen ‹oben im Baum›, bitte, Meister, erzähl uns, was der Bursche macht, wenn er nicht im Baum ist.» Kyogen lachte. «Hahaha!»*

«Und wie würdest du all diesen Unsinn erklären?» fragte Bobbie-san.

«Bitte», sagte ich. «Muß ich das Koan noch einmal lösen?»

«Nicht in Zen-Sprache.» Er schien aufgeregt. «In gewöhnlicher Sprache. Erzähl's mir. Oben im Baum, unter dem Baum, worüber redeten diese Burschen?»

Ich war erstaunt. Dies war gegen alle Regeln. Zweieinhalb Jahrtausende lang hatten Zen-Leute sich geweigert, die gewöhnliche Sprache zu verwenden. Was sollten wir jetzt sein? Renegaten? Verrieten wir die Sache? Würde nicht Manjusris Schwert aufblitzen und unsere Herzen herausschneiden? Würde nicht der Bodhisattwa des Mitgefühls, die verführerische Kuan Yin, heißen Teer auf uns spucken? Was kümmerte es mich? Ich war nie gut im Bewahren von Geheimnissen gewesen. *Oben im Baum* ist wie viele andere Koans eine Trickfrage. Ein Mann, der mit den Zähnen an einem hohen Ast hängt, wird sowieso fallen. Er steckt in großen Schwierigkeiten. Sein Gemurmel bringt nicht die Bedeutung des Buddhismus zum Ausdruck, sondern ist eine Bitte um Hilfe. Der Meister sollte eine Leiter bringen.

Der zweite Teil des Koans zeigt, was passiert, nachdem der Mann seine hoffnungslose Position aufgegeben hat. Jetzt, da er unten ist, ist er entweder tot, oder er hat Schmerzen. Eine gute Antwort wäre, so zu tun, als sei man tot, oder zu sagen: «Au, das tut weh.»

Bobbie-san meinte, es spiele keine Rolle, ob er noch

meditiere oder nicht. Vielleicht ja, vielleicht nein. Das bereite ihm keinen Kummer. Was ihn jedoch schmerze, sei, leben zu müssen, ohne jemals mit einer Frau zu schlafen. Oben im Baum bitte er um das Vergnügen, mit einer Frau zusammenzusein. Unter dem Baum beklage er sich über seine ewige Jungfräulichkeit.

Ich versuchte, an die «andere Seite der Medaille» zu denken (es gibt immer eine andere Seite). Sollte ich ihm von den Leiden erzählen, die die Entscheidung verursachte, entweder ein Zecher oder ein pflichtbewußter Haushaltsvorstand zu sein? Ich dachte noch darüber nach, als mein Gast mir vom Jubiläum seines Lehrers erzählte. Bobbie-san war buchstäblich zum Klostertor hinausgeworfen worden, weil er sich weigerte, der geistige Erbe seines Meisters zu sein, aber die Zeit heilt sogar vom Zen zugefügte Wunden, und nach zehn Jahren hatte es eine Versöhnung gegeben. Der alte Abt sollte sein vierzigjähriges Jubiläum als Lehrer feiern. Seine Erben und Schüler, einschließlich Bobbie-san, kamen zum Muttertempel. Die Gebäude waren gesäubert und neu geschmückt worden. Chöre sangen Sutras. Tanzende Priester vollzogen formvollendete Zeremonien. Weihrauch schwelte überall. Der gegenwärtige Mönchsjahrgang hatte das letzte Unkraut aus den Moosgärten gezupft. Riesige Goldkarpfen schwammen in gereinigten Teichen zwischen den Wasserlilien. Fenster und Türen wurden neu mit Papier bespannt. Wege wurden geharkt. Alle Laienhelfer des Tempels kamen mit ihren Familien, die meisten Frauen dem Anlaß entsprechend in farbenprächtigen Kleidern. Viele kleine Kinder waren da. Würdenträger, sowohl geistliche als auch Regierungsverteter, hielten Glückwunschreden. Die Köche hatten die vegetarischen Speisen zubereitet, für die die Zen-Küchen berühmt sind. Es gab reichlich Sake. Die meisten Priester wußten, daß der Meister ein Alkoholproblem hatte, das mit den Jahren schlimmer geworden war, doch bedingt durch den ganzen Trubel, achtete niemand darauf. Plötzlich ertönte die zitternde Stimme des Meisters, verstärkt durch ein mächtiges Lautsprechersystem, das eine der großen Elektronikfirmen gestiftet hatte, und drang bis in den letzten Winkel aller Zen-Gebäude, -Gärten und -Höfe. «Ich möchte heira-a-a-a-a-ten», rief der Meister immer wieder. Dann schluchzte er laut.

«Nein!» Ich versuchte meine Augen und Ohren gleichzeitig zu bedecken.

Ja. Der alte Säufer fühlte sich einsam, sagte Bobbie-san. Zen-Meister können heiraten, aber diejenigen, die sich dafür entscheiden, Klosterlehrer zu werden, tun das gewöhnlich nicht. Der Geschlechtstrieb, versicherte Bobbie mir, läßt sich nicht sublimieren, wie religiöse Schriften behaupten. Das sexuelle Verlangen ist in den menschlichen Genen programmiert; wenn man es frustriert, wird es dämonisch. Besessene Teufel warten nur auf ihre Chance, sich zu zeigen. Die Dämonen des Meisters traten während der großen Jubiläumsparty die Türen ihrer Zelle ein. Da war der Weise, der Party-Schreck, sein Mikrofon umklammernd, klagend und schluchzend, während seine Mönche umherhasteten, um die Lautsprecher abzustellen.

Nein! Ich bedeckte immer noch meine Augen. Dies war so schlimm wie der Zen-Bogenschütze, den ich im holländischen Fernsehen gesehen hatte, ein japanischer Bogenschützen-Meister mit Robe, der sich verneigte, kniete, tanzte, betete, bevor er die Sehnen seines Bogens straffte und dann mit dem Pfeil das Ziel völlig verfehlte. Meine Amsterdamer Polizeikollegen sahen die Sendung. «Hast du das nicht in Japan studiert? Zen? Bist du deshalb so schlecht im Pistolenschießen?»

Bobbie-sans leise Stimme fuhr fort, den Gang der Ereignisse auf der Jubiläumsparty in Nagasaki zu schildern. Der Meister wurde in sein Quartier gebracht und dort unter Aufsicht von starken Mönchen festgehalten, bis er wieder nüchtern war. Ein Ausschuß von Hohen Priestern trat ihm einige Tage später gegenüber. «Kein Alkohol mehr.» Der Meister trank ein paarmal heimlich und wurde für eine Weile in eine Entziehungsanstalt eingewiesen. Gesund und kuriert kehrte er zurück. Die Klosterausbildung nahm wieder ihren Lauf. Nach der frühmorgendlichen Meditation im Zendo knieten die Mönche in dem Flur, der zum Sanzen-Raum führte, hintereinander auf dem Hartholzboden wie schon so viele Male zuvor. Der Vorsteher bildet den Anfang. Es ist genau vier Uhr morgens. In einem schweren Holzgestell am Beginn der Reihe hängt eine Glocke, und sobald der Meister seine kleine Handglocke im Sanzen-Raum läutet, schlägt der Vorsteher die große Messingglocke in ihrem schweren Holzgestell an und tritt vor den Meister. Nur, dieses Mal blieb das Klingeln der Glocke des Meisters aus, da war nur ein langes, immer länger werdendes Schweigen.

Was hat das jetzt zu bedeuten? Eine weitere Übung in Demut und Geduld? Das ist es, der Meister will seine Schüler in eine noch nie dagewesene Situation bringen, um ihre Egos aufzubrechen. Sollen sie zur Abwechslung einmal warten. Damit sie lernen, daß sie sich auf nichts verlassen können, nicht einmal auf klösterliche Pünktlichkeit. Ihre Knie brennen auf dem Hartholzboden, die ersten Moskitos des sich erwärmenden Sommertages stechen die Mönche in Gesichter, Hände und nackte Füße. Eine sehr lange Stunde vergeht. Der Koch-Mönch und seine Gehilfen, die hinter dem Vorsteher knien, sollten inzwischen mit Sanzen fertig sein und in der Küche auf langsamen, mit Zweigen und Blättern befeuerten Herden Schleimsuppe und Wasser für den Tee kochen. Immer noch kein Laut aus dem Sanzen-Raum. Schließlich verläßt der Koch-Mönch seine Position und schlurft demütig zum Vorsteher an der Spitze der Reihe. Er flüstert. «Vorsteher-san, entschuldige, daß ich spreche, obwohl es nicht gestattet ist, aber ich habe das Gefühl, daß etwas nicht stimmt, bitte sieh nach, was mit unserem Lehrer geschehen ist.»

Der Vorsteher zögert noch. Wie kann er seine Glocke anschlagen, ohne von der Handglocke des Meisters dazu aufgefordert worden zu sein? Der Koch-Mönch bohrt dem Vorsteher einen harten Finger in den Rücken. Widerstrebend erhebt sich der Vorsteher und geht zum Sanzen-Raum. Er tritt ein und streckt sich dreimal auf dem Boden aus, er kniet auf der Matte. Die Kissen auf der Plattform vor ihm sind leer, doch da, genau vor seinem Gesicht, drehen sich langsam die nackten Füße des Meisters im Luftstrom des Zimmers. Der Vorsteher legt den Kopf zurück. Über ihm, nur mit einem *Fudoshi*, dem kleinen weißen Lendenschurz, wie ihn altmodische japanische Männer tragen, bekleidet, hängt der schmächtige Körper des Meisters an einem Balken.

alle Aktivitäten haben ihre Schattenseiten, aber mir schien, daß
Bobbie-san während seiner langen Beschäftigung mit der
Zen-Disziplin für ganz besondere Schrecken ausgewählt
worden war. Seine offensichtlich erfolgreiche Laufbahn
mochte ihm vielleicht Würde und Respekt eingetragen
haben, aber keine Antworten auf seine Fragen, wenn ich
seinem düsteren Gebrumm glauben sollte. Sein Bericht
klang wie eine Geschichte nicht nur physischer, sondern
auch spiritueller Impotenz, als habe er sich einer wertlo-
sen Sache verschrieben, als sei er von einem falschen Lehrer nicht in sein, sondern aus seinem Selbst herausgelenkt
worden. «Mehr Scheiße von dem falschen Kapitän», war
sein Lieblingszitat von George Carlin, das von einem Vi-
deoband stammte, das er in meinen Fernseher steckte.
Wir sahen zu, wie der Komiker uns erzählte, daß Flug-
«Kapitän»-Titel Blödsinn sind, weil den Piloten nie
jemand dieses Amt übertragen hat. Dann schilderte er uns
eine Episode, in der ein Pilot Passagiere anweist, ihren

Kopf in den Schoß zu legen, damit er das Flugzeug sicher notlanden kann. «Wie treffend», knurrte Bobbie, während er das Band ausschaltete. «Auch ich habe nie bemerkt, daß Buddha meinem Lehrer das Amt übertragen hat.»

Trotz der düsteren Aura, die Bobbies Wesen umgab, war ich froh, ihn wiederzusehen. «Sonst geht es dir gut?» fragte ich. Er lachte traurig. «Eigentlich nicht. Auch mein Körper bereitet mir Probleme. Willst du die lange oder die kurze Liste?»

Wir gingen seine Sammlung physischer Beschwerden durch. Aus dem Anhören der Leidensgeschichten anderer Leute kann man viel lernen. «Es ist, als ob man einen Film betrachtet», hatte Rimpoche während eines Vortrags in Schottland gesagt. «Man sieht zu und lacht und weint und applaudiert und buht, aber es berührt einen nicht wirklich, weil es ein anderes illusionäres Ich ist, das sich mit irgendeinem Unsinn identifiziert.» Bobbie lachte, als ich ihm diese Weisheit mitteilte. «Solange man es nicht selbst ist, stimmt's? Was ist daran so weise?» – «Rimpoche kam noch darauf zu sprechen», sagte ich. «Die Idee ist, das eigene Leben auf dieselbe Weise zu sehen.»

Bobbie und ich sprachen über das, was wir nicht sind. Wir sind nicht unser Geist. Wir sind nicht unser Körper. Beides sind belanglose Teile unseres Wesens. Hier seit siebenundsechzig Jahren, verschwunden in vielleicht weiteren zehn Jahren. Genau wie Filme, lange Filme. Nichts, was mit uns zu tun hätte, dem wahren Uns, dem reinen Wesen. Aber warte nur einen Moment, warte bis zur nächsten schweren Depression, und ab geht's zum Seelenklempner. Warte bis zum nächsten allergischen Anfall, der nicht auf die frei verkäuflichen Medikamente reagiert, bis zu einem verstauchten Fußgelenk, einem rätselhaften Schmerz in der Brust. Und ab geht's in die Notaufnahme.

«Aber es ist immer noch Teil des Traums», sagte Bobbie.

«Nein. Im Ernst. Auch der Besuch beim Arzt ist Teil des Traums.»

Träume. Das war die Botschaft, die sein toter Meister für jeden, der jemals mit ihm während seines langen Lebens zu tun hatte, hinterließ. Der Leichnam des Lehrers wurde eingeäschert, nachdem er von der Decke des Sanzen-Raums abgeschnitten worden war, und Bobbie nahm an der Gedenkzeremonie in der Dharma-Halle des Tempels teil. Der Vorsteher, der seine vollständige Robe trug, zeigte der Ordensversammlung eine große Papierrolle. Er entrollte sie, während die Mönche hinter ihm das Herz-Sutra sangen. Das Papier mit der Kalligraphie des toten Meisters zeigte ein einziges Schriftzeichen. *Yume,* Träume. «Dies», sagte der Vorsteher zu den Tempelanhängern, «ist alles, was unser Meister sah, als er auf sein Leben zurückblickte. Er sah Träume ohne bleibende Bedeutung. Vielleicht erscheinen sie wichtig, während wir träumen, aber bald werden sie fortgeweht und lösen sich auf. Geistiger Staub zu geistigem Staub. Ihr seht, daß er die Zusammenfassung nur eines weiteren menschlichen Lebens, das bald vergessen sein wird, nicht unterzeichnet hat. Auf diese Weise zeigt er uns seine vollkommene Erleuchtung, denn die meisten Hohen Priester, deren Ich-Schwanz im Schlamm feststeckt, unterzeichnen gern ihre Schöpfungen, um uns etwas von ihrer interessanten Persönlichkeit zu hinterlassen. Da ist der kunstvolle Schwung ihrer geschickten Pinsel und das flammende Rot ihrer Amtssiegel, um uns daran zu erinnern, daß auch sie einmal auf der Erde waren. Unser Meister hat das nicht getan. Seht ihr, wie einfach seine Kalligraphie ist? Keine Schnörkel. Er hatte wahrhaftig kein Ego.»

«Mehr Scheiße vom falschen Meister?»

Bobbie meinte, der Verstorbene habe sein Bestes getan.

Vielleicht sei das Beste nicht gut genug gewesen. Er habe sein Ich ein bißchen gestutzt.

«Sicher», sagte ich zu Bobbie, «minimales Ich, aber als du dich weigertest, sein Nachfolger, eine vorzeitige Projektion des zukünftigen Buddha Maitreyas zu werden, hat er das nicht so gut aufgenommen. Raus mit dir, mein Junge. Darfst niemals auf Papas Schoß zurück.»

Bobbie verteidigte weiter den Meister, zu dem er, mit wenigen Unterbrechungen, eine sehr lange Zeit engen Kontakt gehabt hatte. Ein meistens freundlicher alter Mann, der hätte heiraten und zur Entspannung nach einem anstrengenden Sanzen-Tag ein bißchen häusliches Leben hätte haben sollen. Und außerdem, meinte Bobbie triumphierend, habe eigentlich niemand ein Ich. Samsara sei eine Illusion, habe keine wirkliche Substanz. Es stehe durchaus mit der Arbeit des Meisters in Einklang, uns das «Träume»-Schriftzeichen zu hinterlassen, um uns zu helfen, die Illusion unseres Lebens zu erkennen, so wie er sie erkannt habe.

Ich murrte immer noch. Als Amsterdamer Polizist hatte ich Leichen in Schlingen hängen sehen und empfand die gräßliche Szene als ein unfreundliches Lebewohl für die Unglücklichen, die sie entdeckten. Beim drittenmal übergab ich mich nicht, aber ich wachte mehrere Nächte hintereinander schreiend auf. Die Mönche müssen ausgeflippt sein, als sie ihr lebendes Vorbild unerwartet in ein abscheuliches Objekt verwandelt sahen.

«Aus und vorbei», sagte Bobbie-san. «Er ist fort. Wir sind noch hier. *Schritt Schritt Schritt, die frühe Morgenbrise.*» Hat Hakuin das nicht gesagt? Es bedeutet: Laß uns aufbrechen, sehen, was wir heute mit unseren Gelegenheiten anfangen können. Wie war das, hast du nicht gesagt, du würdest mich auf eine Bootstour zwischen den märchenhaften Inseln hier mitnehmen? Ist heute ein guter Tag?»

Das war es. Er hatte recht. Er machte Urlaub von seinen verschiedenen Jobs in Japan, und als Gastgeber sollte ich die lokalen Vergnügungen mit meinem Gast teilen. Es war einer von diesen seltenen Tagen an der Küste von Maine, an denen das Meer glatt unter einem klaren blauen Himmel liegt. Mein Boot wartete auf uns am Anleger. Ein Druck auf den Anlasserknopf, und der alte Diesel erwachte kraftvoll dröhnend zum Leben. Jo-ho-ho, und 'ne Thermosflasche voll grünem Tee. Ich hatte Bobbie erzählt, daß ich seit seinem letzten Besuch den Alkohol aufgegeben hatte. «Hast du diesen großen Holzpott jemals betrunken gefahren?» wollte Bobbie wissen, während er beim Verlassen der Bucht den mächtigen Kielsog hinter uns betrachtete und den Tee schlürfte, den ich ihm eingeschenkt hatte. Ich sagte, Genever und Bootfahren vertrügen sich nicht in Maine. Der Ozean in diesen Breiten ist erbarmungslos. Rasiermesserscharfe Klippen lauern kaum sichtbar unter ein paar Zentimetern Wasser. Ein Unterschied von vier Metern zwischen Ebbe und Flut verursacht heftige Strömungen, die oft Strudel bilden. Man braucht nur fünf Minuten nicht aufzupassen, nachdem man Position und Seekarten kontrolliert hat, sich in der sicheren Annahme wiegend, in einem Umkreis von Meilen um das Schiff herum dreißig Meter Wasser unter dem Kiel zu haben, und plötzlich taucht ein verräterischer weißer Saum auf, wo sich Wellen über Felsen brechen oder über dem Wrack eines anderen Schiffes, dessen Kapitän sich einst sicher fühlte. Das Gebiet ist für überraschende Regenfälle und Stürme bekannt. «Aber nicht heute», sagte Bobbie.

Ganz bestimmt nicht heute. Es war ein wunderschöner Tag in der Hochsaison. Wir lauschten einer angenehmen Stimme, die aus dem Wetterradio auf der Brücke ertönte. «Genießen Sie den Tag, Touristen und Einheimische», sagte der Meteorologe, «es wird nicht mehr besser an unserer wunderschönen Küste. Dies ist Ihre Chance, das Leben so zu leben, wie es sein sollte. Segeln oder wandern Sie nach Herzenslust. Ein herrlicher Tag. Sie könnten sogar versuchen, ein wenig im kalten Wasser zu schwimmen. Klarer Himmel überall. Kein starker Wind erwartet.»

Wir fuhren abwechselnd mit Motor und ließen uns treiben, stundenlang, Bobbie-san und ich. Wir fingen Makrelen und brieten sie über einem Holzfeuer am Ufer einer kleinen Insel und aßen dazu Essiggurken und frisches Brot aus einem Korb, den wir mitgebracht hatten. Wir beobachteten ein nistendes Adlerpaar mit dem Feldstecher und schließlich mit dem bloßen Auge, denn die großen Vögel schienen unser Näherkommen zu begrüßen. Ein wenig später schüttelte Bobbie mich an der Schulter und deutete mit beiden Händen, zwei Grindwale, ruhige Giganten der Ozeane, schwammen in der Nähe des Boots, einer backbord, einer steuerbord. Hunderte von Eiderenten saßen auf der langsamen Meeresdünung, die weißen und bernsteinfarbenen Federn der Männchen kontrastierten mit dem leuchtenden Dunkelblau der sie unermüdlich tragenden See. Schwimmende Seetaucher prahlten mit ihren leuchtendroten Sommerflecken. «Das ist es», seufzte Bobbie. «Wir haben es endlich geschafft. Ignorieren wir die ewig versagende menschliche Natur. Schwimmen wir einfach nur zwischen den fortgeschrittenen Wasserwesen.» Das taten wir auch. Ein großer Seehundbulle kam nah heran und schnaubte wichtigtuerisch durch seinen dichten Schnurrbart, aber ich sagte ihm, es sei alles in Ordnung, ich sei nicht hinter seinen Frauen her, ganz gleich wie einladend sie ihre glatten Körper um mich herumrollten. Er tauchte für einen Augenblick unter mich, und seine glatte Haut streifte meine Füße.

Wir dachten, wir könnten vielleicht einen angenehmen Ort zum Ankern finden und einen Teil der Nacht philosophierend unter einem Vollmond verbringen. Während wir langsam umherkreuzten, uns an der untergehenden Sonne erfreuten, ließ mich ein lautes Donnergrollen zurückblicken. Eine pechschwarze Wolke erhob sich völlig unerwartet hinter der blaßgrünen Küstenlinie. Die Wolke kam genau auf uns zu. In nur wenigen Minuten schäumte die See um das ganze Boot herum, das sich trotz seiner großen Breite und seiner starken Maschine nicht mehr sicher anfühlte. «Spielball der Wellen», rief Bobbie-san. Die Sicht lag unter dreißig Metern, außer wenn ein Blitz aufleuchtete und bedrohliche Formen im Wasser vor uns auftauchen ließ. Wellen oder Felsen? Ich war auf der Schiffbrücke über der Kabine und versuchte, eine Karte zu lesen, als eine «Katzenpfote», eine plötzliche Windbö, das Papier ergriff und es in die Dunkelheit mitnahm. Ich hatte immer noch Radar, aber der Bildschirm befand sich unten in der Kabine. Ich versuchte, die Steuerung von der Brücke nach unten umzuschalten, doch der Mechanismus verklemmte sich, und dies war nicht der Augenblick, um mit Schraubenzieher und Zange herumzufuhrwerken. Mir blieb nichts anderes übrig, als Bobbie, einen unerfahrenen Seemann, das Schiff von oben steuern zu lassen, während ich unten den Radarschirm beobachtete und mich bemühte, die grünen Punkte in die Karte zu übersetzen, soweit diese mir noch in Erinnerung war. Wo genau konnten wir sein? War jener birnenförmige Punkt Pond Island? Wenn ja, steuerten wir auf ein Unterwasserriff zu, was wir vermeiden konnten, indem wir hart backbord steuerten, aber nur, wenn der andere Punkt Tinker Island war, und Tinker Island hatte mehere scharfe Felsen an der Nordseite, auf die wir mit großer Geschwindigkeit zuhielten. Wir konnten nicht langsam fahren, weil die Strömungen und der Wind uns seitwärts gegen immer höhere Wellen drückten, was das Boot unangenehm krängen ließ, es vielleicht sogar zum Kentern bringen konnte. Bobbie verstand mich nur, wenn ich ihm direkt ins Ohr brüllte, also mußte ich immer die steile Metalleiter, die das hintere Deck mit der Brücke verband, rauf- und runterrennen. Haushohe Wellen brachen inzwischen über das Boot herein. Sowohl Bobbie als auch ich konnten ohne Brille nichts sehen, und unsere Gläser wurden ständig mit Salzwasser bespritzt. Ich fand eine Plastikkanne mit Süßwasser, um das Salzwasser abzuwaschen. Wir reichten die Kanne immer hin und her, bis eine Woge sie packte und über Bord spülte. Nun mußten wir statt dessen Speichel und unsere Taschentücher verwenden. Ich war nicht sicher, ob ich genügend Treibstoff hatte, um uns auf der tobenden See in Gang zu halten. So mit Vollgas, wie wir jetzt fuhren, würde der Motor den Tank innerhalb der nächsten zwei Stunden leersaugen. Noch stampfte der alte Diesel unter unseren Füßen, aber ich wußte, wie empfindlich er nach seinen langen Betriebsjahren geworden war. Es gab mehrere Teile, die ersetzt werden mußten, doch ich hatte mir nicht allzu viele Sorgen gemacht, da ich den alten Kahn nur am Tage und bei schönem Wetter hatte fahren wollen. Normalerweise drehte ich die Maschine nicht hoch, und die Auspuffrohre müßten noch eine weitere Saison halten. Mein Funkgerät war in Ordnung, ich konnte jederzeit die Küstenwache rufen, ich hatte Leuchtsignale, ein aufblasbares Rettungsfloß, genug Dosenbohnen für eine Woche, eine Taschenlampe, die Wasserkanne konnte ich aus dem Teich auf Pond Island wieder auffüllen – so viele Vorsichtsmaßnahmen, und keine hatte jetzt auch nur den geringsten Wert. Kein Küstenwachenhubschrauber würde uns bei diesem rauhen Wetter jemals sehen. Wenn wir das Rettungsfloß benutzten, würde es von den Klippen durchlöchert. Ein Ertrinkender ißt keine Dosenbohnen. Meine Taschenlampe würde nicht lange schwimmen, bevor sie an Felsen zerschmettert wäre. Die Leuchtsignale, aus einer kleinen Plastikpistole abgefeuert, würden bald im stürmischen Regen verlöschen. «Dies ist schlimm», rief ich Bobbie ins Ohr. «Denk an etwas Hilfreiches», rief Bobbie in mein Ohr zurück. Ich sagte ihm, ich hätte zuviel Angst, um an irgend etwas denken zu können, das uns vor dem Untergang bewahrte. «Keinen einzigen Gedanken?» rief Bobbie. Ich erkannte die Anspielung. Dies war in der Tat eine Zeit, um Koans zu zitieren. «Berg Sumeru», riefen wir gemeinsam.

Ein Mönch fragte einmal Meister Ummon: «Wenn nicht ein einziger Gedanke auftaucht, gibt es dann Irrtum?» Ummon sagte: «Berg Sumeru!»

Indem wir über das Denken hinausgingen, ließ uns das einen sicheren Kurs steuern. Bald begann ich, Muster auf dem Radarschirm zu erkennen. Wenigstens bewegten wir uns in die richtige Richtung. Der Sturm schob das Boot zum Anleger hinter meinem Haus, das noch etwa acht Meilen entfernt war, und durch ein Gebiet, das bei der gegenwärtigen Ebbe wenig Wasser hatte. Die nächste Herausforderung wäre, die Fahrrinne zu finden. «Nächstes Hindernis», rief ich. Vor uns lagen noch scharfe Klippen, unsichtbar, selbst auf dem Radar. Vielleicht konnte ich mich an ihre Lage erinnern. Aber auch die Fahrrinne war nicht gänzlich sicher, denn sie war schmal und teilweise bis auf weniger als einen Meter fünfzig versandet, das Boot hatte einen Tiefgang von einem Meter fünfunddreißig. Viereinhalb Meter hohe Wellen folgten uns; wenn wir auf dem Kiesboden der Bucht strandeten, würden die Wellen die Planken des alten Boots zerschmettern. Das Seewasser in Maine ist kalt, selbst im August. Der menschliche Körper hält niedrige Temperaturen nicht allzugut aus. Ich hatte von mehreren Fällen gehört, wo gerettete Seeleute starben, obwohl sie in der Notfallabteilung des Krankenhauses versorgt worden waren. «Was ist das dritte Hindernis?» rief Bobbie-san. Im Zen traten Hindernisse immer in dreifacher Form auf. Ich antwortete nicht, ich war zu sehr damit beschäftigt, Fahrrinnenmarkierungen auf meinem Bildschirm zu suchen. Sie tauchten nicht auf. Der Bildschirm war schon in seiner besten Zeit nie besonders klar gewesen, und die Markierungen konnten nur als kleine Punkte sichtbar werden. Es gab eine Menge Punkte, verursacht vielleicht durch Gischt oder schwimmende Gegenstände oder Salzwassertropfen auf meiner Brille. Ich ging zu Bobbie hinauf und leuchtete mit der Taschenlampe von der Brücke. Die Markierungen haben Plastikstreifen, die Licht reflektieren. Wenn wir so langsam wie möglich fuhren, in der Hoffnung, daß wir auf die Fahrrinne zusteuerten, konnte uns die Taschenlampe Tonnen und Spitzbojen zeigen. Nach einer Zeit, die uns wie eine Ewigkeit vorkam, tauchte die erste Tonne auf. Ich erinnerte mich an Kompaßkurse, die zu den nächsten Markierungen führen würden. Ich beobachtete den Kompaß, während ich dem steuernden Bobbie-san Anweisungen zurief. «Jetzt eine Idee backbord, okay, jetzt ein bißchen nach steuerbord.» Einmal liefen wir auf Grund, aber ich gab Vollgas, während eine große Welle uns anhob. Das Boot rumpelte weiter, bis es wieder ein paar Zentimeter Wasser fand, auf denen es schwimmen konnte. Nach der letzten roten Spitzboje, die wild auf schäumenden schlammfarbenen Wellen tanzte, zeigte der Tiefenmesser drei Meter an. «Zweites Hindernis genommen», brüllte ich Bobbie ins Ohr. Ein Riß in den Wolken gab dem Mond eine Chance, mir den Anleger zu zeigen.

Bobbie fragte wieder nach dem dritten Hindernis. Ich war der Meinung, daß es keins mehr gab. Wir waren zu

Hause, wir mußten nur noch festmachen, den Motor abstellen, den Weg hinaufgehen, unsere Betten finden. Er beharrte, daß wir noch nicht in Sicherheit wären.

Bobbie stand am Bug, bereit, auf den Anleger zu springen, um die Fangleine an einer Klampe festzubinden, als Dämonen zu heulen anfingen. Das wilde Kreischen ließ ihn das Gleichgewicht verlieren. Er fiel ins Wasser, und ich mußte den Rückwärtsgang einlegen, damit er nicht zwischen Anleger und Boot zerquetscht würde. Die Flut kam inzwischen, und die Strömung drehte das Boot herum, so daß ich die Maschine abstellen mußte, um ihn nicht mit dem Propeller zu köpfen. Er rief, und ich warf ihm den Korkring zu, der an einem Haken auf der Brücke hing. Die Leine wickelte sich um meine Beine und riß mich beinahe auch ins Wasser. Die Taschenlampe zeigte mir die Ursache des höllischen Tumults, ein halbes Dutzend großer Waschbären stand auf den Felsen in der Nähe des Anlegers, gestikulierend und mit unheimlich hohen Stimmen gellende Schreie ausstoßend. Es könnte sein, daß das auftauchende lärmende Boot sie in einer Zeremonie oder einer Party, etwas sehr Wichtigem im Leben von Waschbären, gestört hatte, denn sie waren wirklich zornig. Bobbie schwamm ans Ufer, doch die Waschbären rührten sich nicht vom Fleck, auch nicht, als ich ihnen mit der Taschenlampe in die Augen leuchtete. Er mußte zum Boot zurückkehren und meine Hand ergreifen, damit ich ihn über die Reling ziehen konnte. Wir konzentrierten uns darauf, freundliche Gedanken auszusenden, um die Waschbären zu veranlassen, sich in die Erlenbüsche davonzumachen. Dann, plötzlich, war alles gut. Die Wolken lösten sich auf, der Mond schien ruhig, das Boot stupste leicht gegen den Anleger und ließ sich für die Nacht festmachen. Es hatte keinen Schaden genommen. Die Lenzpumpe spritzte, melodisch sprudelnd, Wasser aus der

Bootsseite. Der Wind legte sich. «Hattest du eine schöne Fahrt?» fragte meine Frau schläfrig, während ich zwischen die Laken glitt. «Es ging fast kein Wind, oder? Und du hattest den Mond. Ich sah ein paar Blitze in der Ferne und fing an, mir Sorgen zu machen, doch dann ging ich gleich zum Anleger, und alles war so ruhig.» Sie streichelte meinen Arm. «Ich liebe Nächte wie diese, sie machen den Geist leer. Es steigen keine Gedanken auf.»

«Kein Irrtum?» fragte ich.

«Berg Sumeru», sagte sie. Auch sie war einmal Zen-Schülerin gewesen, doch ich hatte sie nie zuvor «Berg Sumeru» sagen hören. «Aber der Gipfel zeigt sich nie lange», sie küßte mich. «Süße Träume.»

17 Drei schöne Dinge

es gibt ein holländisches Sprichwort: «Kleine Kinder und Betrunkene sprechen die Wahrheit.» Vielleicht sind ja auch ehemalige Zen-Schüler, die ihren Geist ein wenig von falschen Vorstellungen befreit haben, genaue Berichterstatter.

In einem Zen-Zentrum im Four-Corner-Gebiet (Grenzgebiet von Colorado, New Mexico, Arizona, Utah im Südwesten der USA), das ich besuchte, nachdem ich es in einer Handelskammer-Broschüre mit der Überschrift «Zen-Einsichten, -Ansichten & -Kunst» erwähnt gefunden hatte, stellte eine Nonnen-Sekretärin mich dem Abt vor, einer imponierenden Gestalt in himmelblauer Robe. Als ich ihm zu seinem wunderschönen Tempel gratulierte, flüsterte er «Ah» und deutete auf irgend etwas hinter mir. Ich drehte mich um, sah nichts, was nicht schon vorher dagewesen war, und blickte wieder zurück. Der Meister war verschwunden. Die Nonne sagte, er sei eine magische Gestalt. Ob ich wüßte, daß er jeden im Tempel-Zendo aussitzen könne, scheinbar schlafend, aber voll auf die buddhistische Leere konzentriert? Wenn er nicht meditiere oder verschwinde, liebe es der Meister zu schweigen. Sei Schweigen, fragte sie, nicht immer die beste Antwort? «Auf was?» fragte ich. Sie legte einen Finger auf ihre Lippen.

In dem Zentrum war schwer was los, ich zählte vierzig uniformierte Mönche und Nonnen, die dort herumsausten. Es gab eine für das Publikum geöffnete Bäckerei, und in den Auslagen des Ladens befanden sich vom Abt selbst in kühnen Lettern auf Rollen geschriebene Zen-Sprüche – wie zum Beispiel *Mensch ohne Rang. Die frische Morgenbrise. Im Feuer nicht brennen, im Wasser nicht ertrinken* – und hölzerne, handbemalte Statuen meditierender Mönche mit «Made in Indonesia»-Etiketten. Die Moos- und Felsengärten ahmten berühmte Vorbilder in Kioto nach. Die Architektur der Gebäude war fernöstlich, und es gab Steinpagoden, Buddha- und Kwannon-Bildnisse und Waschbecken, inmitten von geometrisch geharktem Kies. Ein Ego-mordender Holzdämon, dessen Klumpfuß ein menschlich geformtes Ich zertrat, grinste von seinem Podest herab. Die Nonne sagte, der Dämon sei hohl; wenn ein Besucher ihm Geldscheine ins Maul stopfe, würde die Gabe für einen heiligen Zweck verwendet.

Bei einem zweiten Besuch fand ich ein *Zu-verkaufen*-Schild an der Einfahrt und quer darüber einen Papierstreifen mit der Aufschrift *Verkauft*. Der Park war von Unkraut überwuchert, die einst makellos mit Papier bespannten Türen und Fenster des Tempels waren zerfetzt. Ein großer Rabe saß auf dem Haupttor. Er krächzte, als er mich sah. «Wie gefällt Ihnen mein Kumpel», fragte der Torhüter. «‹Nimmermehr› ist seit der Zwangsversteigerung hier.» Der Wärter teilte mir mit, er sei früher Mönch gewesen und jetzt als Verwalter eingestellt worden, bis die neuen

Eigentümer ihren Besitz in Anspruch nehmen würden. «Es solle eine Einrichtung für geistig Behinderte werden.»

Ich erzählte ihm, daß auch ich einmal Zen-Schüler gewesen sei. Er meinte, nur sein T-Shirt habe noch etwas mit Zen zu tun, es stamme aus dem früheren Tempelladen und zeige ein unrasiertes Gesicht, das aus einem hohlen Baum spähe. «Als ich mich der Bruderschaft anschloß, wurde ich nach diesem Meister benannt. Er hatte seinen Namen von dem Berg Daizui, wo er in einem hohlen Baumstamm lebte. Daizui kommt in einem Koan vor. Willst du es hören?»

«Wenn der Urknall sich umkehrt und das Universum uns verläßt, gehen wir dann auch?» fragte ein Mönch Daizui.

Ich mußte mir einen Kommentar einfallen lassen. «Sag etwas», forderte der frühere Daizui, der sich jetzt Jim nannte, mich auf. Ich wurde ärgerlich. «Sicher.»

«Sicher was?» fragte Jim.

Ich sagte. «Sicher werden wir dann auch gehen. Oder willst du etwa bleiben?»

«Wo bleiben?»

Ich zuckte die Achsel. «Wenn die ganze Sache verschwindet, gehen wir auch. Nichts ist beständig.» Ich war mir sicher, daß Jim nur Spaß machte. Im Zen gibt es nie einen Ort, an dem man bleiben kann. Nicht einmal in hohlen Bäumen wie sein asketisches Vorbild Daizui, dem es anscheinend gefiel, ohne Komfort zu leben.

«Du kanntest das Koan, stimmt's?» Er schien beeindruckt zu sein. «Genau das hat Daizui gesagt. Dasselbe wie du eben. *Wir werden auch gehen.* Woher wußtest du das?» Ich erwiderte, es sei klug, auf alle Zen-Fragen, die den Schüler dazu bringen wollen, an etwas festzuhalten, ärgerlich zu reagieren. Ärger durchschneidet die Schlauheit des Verstandes. Und schon taucht die richtige Antwort auf. Das hilft nicht viel, denn wahre Einsichten werden nie durch Koans hervorgerufen, die Antwort bringt einen nur zum nächsten Koan.

Jim und ich waren schon bald dabei, unsere früheren Lehrer anzuklagen. Jim regte sich über die Angewohnheit des Meisters auf, Fragen mit Schweigen zu beantworten. Es fiel uns ein passendes Koan dazu ein. *Ein Mönch fragte:* «*Was bedeutet es, daß Daruma fortging, um den Chinesen Buddhismus zu predigen?*» *Der Abt schwieg. Ein anderer Mönch fragte einen anderen Lehrer:* «*Was bedeutete es, daß der Abt schwieg?*» – «*Vielleicht wußte er es nicht*», *erwiderte der andere Lehrer.*

Ich fragte Jim, was mit dem schweigsamen Meister des jetzt geschlossenen Tempels geschehen sei.

Jim nahm meinen Arm und führte mich an den Rand der Klippe, auf die der Tempel gebaut war. «Er etabliert sich wieder. Ich habe seine Anzeige in einer heiligen Zeitschrift gesehen.» Er wölbte seine Hände um den Mund. «Leute? Kommt schnurstracks hierher. Schweigetherapie rettet euren geistigen Arsch mit Rabatt-batt-batt-batt.» Er senkte die Stimme. «Er wird das Geld wieder zusammenraffen und es noch schneller ausgeben. Ein neuer Mercedes, mehr Erste-Klasse-Reisen nach Paris, eine goldene Buddha-Statue, Haufen von anderem Zeug, das niemand braucht, aus den heiligen Katalogen.» Jim schüttelte seine Faust. «Meister Arschloch-loch-loch-loch?» Er holte wieder tief Luft. «Möge die Kraft sich gegen dich wenden-den-den-den.» Jim hatte seine Stimme in die Schlucht unter uns gerichtet. Die Echos waren klar.

Die Vorführung hatte Jim hungrig gemacht. Es gab einen mexikanischen Straßenverkauf in der Nähe, betrieben von einer älteren Frau, deren brüskes Verhalten mich an die von Meister Joshu durchdrungene Tee-Lady erinnerte. Jim, das Mittagessen tragend, führte mich zu der Mesa zurück, auf der sich die frühere Einsiedelei befand.

Nachdem wir etwa eine Meile gewandert waren, erreichten wir ein Vorgebirge, das eine Ebene mit blühenden Saguaro-Kakteen und verschiedenen Arten dorniger Gebüsche überblickte. Jim beklagte sich immer noch. «Arschloch verdient das ganze Leid, das ich ihm schicken kann.» Er drehte sich um, um mich anzusehen. «Ich habe meine ganze Kraft in diesen Ort hier gesteckt. Meine Zeit, meine Energie, alles, was ich hatte. Er hat mein Vertrauen mißbraucht. Er ist wie der Psychiater, der den Identifikationen seines Patienten nicht entgegentritt. Wenn ich ihn mit meinem Fluch nicht aufhalte, wird er Zombies aus neuen Schülern machen.»

Es war Zeit, die Enchiladas auszupacken und die Kappen der Ginseng-Sodas loszudrehen. Nimmermehr war uns gefolgt und saß auf einem geschwärzten Balken, Teil einer früheren Höhlenbehausung. Der Rabe schien freundlich zu sein. Jim rief seinen Namen, und er flog herbei, um das Essen zu inspizieren, wählerisch an seinem Anteil herumpickend, bevor er ihn gierig verschlang.

Jim erzählte, die Höhle sei von einem Schamanen benutzt worden, laut Aussage der Dame unten beim Straßenverkauf. Sie glaubte, die Macht des Schamanen habe sich in einem Vogel gezeigt.

«Einem Raben?»

Sie hatte sich nicht klar geäußert. «Sie sagt nicht viel», meinte Jim. «Ich kaufe alle meine Mahlzeiten dort. Manchmal macht sie sich nicht einmal die Mühe, Kleingeld herauszugeben. Ich glaube, sie spricht hauptsächlich Spanisch.» Er deutete auf Geier, die auf Luftströmungen dahinglitten. «Sieht sie nicht aus wie die? Man nennt sie hier *zopilotes*.»

Der Rabe murrte. Ich bot ihm wieder Essen an, aber er war nicht interessiert. Er krächzte uns weiter an. «Nimmermehr», sagte Jim. «Klar. Ich weiß. Wir haben hier nichts mehr zu tun. Sie hat dich mit uns geschickt, damit wir uns verabschieden können.»

Jim erzählte mir Geschichten von Meister Arschloch und seiner eigenen vergeudeten Vergangenheit, ich erzählte ihm Geschichten von Sensei und meiner vergeudeten Vergangenheit, und so konnten wir selbstgewählten Lehrern die Schuld geben. Der Rabe flog fort. Wir brauchten einen Stimmungswandel. «Ist in deinem Tempel nie etwas Gutes passiert?»

Jim sagte nein. Ich ließ nicht locker. Die Atmosphäre wurde zu unerfreulich. Er gab nach. «Zwei gute Dinge sind passiert. Das eine half mir, zum Zentrum zu kommen, das andere unterbrach die Routine ein wenig.»

Die erste gute Sache war, wie Jim zu Buddha kam. Er hatte Kreditkarten überzogen und wollte seine Schulden bezahlen, bevor er Mönch auf einem Berg wurde. Die Arbeit in einem Bauartikelgeschäft brachte nur minimalen Lohn. Er machte seinem neuen Idol einen Vorschlag. «Hilf mir, meine Schulden zu bezahlen, und ich werde mich bemühen, leer zu sein.» Am nächsten Tag lud ein Kunde, ein Antiquitätenhändler, Jim zu einem Bier ein. Der Händler erzählte Jim von einer nahegelegenen Kirche, die in ein Lebensmittelgeschäft nach dem Franchise-Prinzip umgewandelt werden sollte. In der Kirche befand sich ein großes Buntglasfenster, das Christus am Kreuz zeigte, ein wertvolles, aus mexikanischer Zeit stammendes Stück. Er konnte das Glasbild nicht allein herunternehmen. Er bot Geld an, genau die Summe, die Jim Visa schuldete. Ein sicheres Zeichen.

«Diebstahl?»

Er hatte nicht gefragt. Der Händler und Jim trugen Uniformen, Namensschilder, professionell aussehende Gürtel mit den richtigen Werkzeugen in Halftern, sie benutzten einen Pick-up-Truck mit der Aufschrift «Buntglasreparaturen». Alles lief wie am Schnürchen. «Der Bestimmungsort befand sich irgendwo mitten im Land. Wir hatten eine schöne, lange Fahrt durch malerische Gegenden, stiegen in Gasthöfen ab, aßen in guten Restaurants.»

«Die zweite gute Sache?»

War sogar noch besser, sagte Jim. Im Zen-Zentrum gab es eine Nonne, die dem Lehrer zu Gefallen ein Schweigegelübde abgelegt hatte. Eines Tages kam ein Telefonanruf, in dem mitgeteilt wurde, daß der weit entfernt lebende Vater der Nonne im Sterben lag. Der Lehrer bat Jim, sie im Tempel-Lieferwagen dorthin zu fahren.

Ich sah, was kam. «Ihr beide hattet Sex?»

«Kannst du dir das vorstellen?» sagte Jim. «Wir waren beide in Roben. Es wurde nicht gesprochen, wegen ihres Gelübdes, und die Spannung baute sich über Hunderte von Meilen auf, bevor etwas passierte. Zuerst machte sie es oral. Wir schafften es bis zu einem Motel, und am nächsten Morgen redete sie. Sie sagte, die Lösung der Spannung habe bewirkt, daß sie Arschlochs Manipulationen durchschaute. Sie kaufte sich normale Kleidung im nächsten Secondhandshop. Sie kam rechtzeitig an, um ihren Vater sterben zu sehen. Sie erbte sein Haus. Sie lebt immer noch dort, sie ist wieder zur Schule gegangen, sie will Lehrerin werden.»

«Zen?»

«Grundschule», sagte Jim. «Sie wird auch heiraten.»

Das waren schöne Dinge, aber es waren nur zwei, und die Atmosphäre war immer noch bedrückend, da Dämonen der Unzufriedenheit uns umschlichen. Der Rabe war zurückgekommen. Wir brauchten eine dritte schöne Sache, und ich dachte an eine Zeremonie, über die ich Jetsun im schottisch-tibetischen Ausbildungszentrum hatte reden hören. Um Gefühle des Grolls loszuwerden, muß man einen ruhigen Ort suchen und sich im Geiste ein Reinigungsritual vorstellen. Jim, Nimmermehr und ich setzten uns in die Höhle und riefen Geier und andere Vögel herbei. Wir zogen unsere Kleider aus und verbrannten sie, zusammen mit unserem Haar, auf einem Feuer, das wir aus Zweigen zwischen uns entzündet hatten. Als nächstes zogen wir unsere Haut ab und gaben sie den Vögeln. Unser Muskelgewebe und unsere Arterien folgten, aufgepickt von schnappenden Schnäbeln. Die Geier verspeisten unsere Herzen und andere Organe. Sie fraßen die Knochen, die wir aus unseren Skeletten herausrissen und in häppchengroße Stücke zerbrachen und zerbröckelten. Zum Schluß marschierten unsere Handknochen ganz allein zu den Vögeln hinüber und wurden ebenfalls gefressen. Es dauerte ungefähr eine Stunde, um uns von uns selbst zu befreien.

«Du hast dich kaum bewegt», meinte Jim. «Sagtest du nicht, du wärst schlecht im Sitzen?»

Er hatte sich selbst nicht viel bewegt. Ich war mir bewußt gewesen, daß Nimmermehr um uns herumhüpfte, aber als die eingebildete Szene zu Ende war, war er verschwunden.

Wir verließen die Mesa und kauften uns *Polar-Bear*-Eis bei dem mexikanischen Straßenverkauf.

«Unsere Reinigung in Ihrer Schamanen-Höhle hat uns gefallen», sagte ich zu der alten Frau. Sie sah weg. «*La limpia, señora zopilote*», sagte Jim. «Reinigung mit Ihren Namensvettern.»

Vielleicht lächelte sie. Das war schwer zu erkennen bei all diesen Runzeln. «*Vayase.*» Sie sagte, wir sollten gehen, unser Eis draußen essen, sie wolle für heute schließen.

hinduistische, taoistische und manchmal sogar buddhistische (Buddha
hat angeblich nie Fragen zum Leben nach dem Tod
beantwortet) Schriften erwähnen Bardos, «untere Sphären», Purgatorien, die die jüngst Verstorbenen durchqueren müssen, und «höhere Sphären», Himmel, die die Seele
auf ihre Wiedergeburt vorbereiten. Nur Arhats, Bodhisattwas, Heilige, Weise («bemerkenswerte Männer», wie der
armenische Weise Gurdjieff sie genannt hätte) sind davon
befreit, die Fegefeuer zu durchlaufen. Alle anderen verbringen einige Zeit in diesen abschreckenden Hallen, Tun-
neln und Höhlen, wo sie Wächtern, Richtern, Göttern des
Zorns begegnen. Die Götter nehmen häufig Tiergestalt an
und sind furchterregend. Die Erfahrungen in diesen Sphären mögen unerfreulich für die passierende Seele sein, sind
aber nichts anderes als Rückblicke auf Szenen aus ihrem
früheren Leben auf der Erde. Die Wächter tragen Spiegel,
die zeigen, was wirklich geschah, decken wahre Motive
auf, analysieren vergangenes Handeln, entlarven falsche

Einsichten, enträtseln durch frühere Taten und Haltungen verursachte Wirkungsketten. Es mag scheinen, als käme die damit verbundene Kritik von den Richtern, aber in Wirklichkeit ist es die Seele, die an sich selbst Kritik übt. Das Ich wird sich krümmen, doch die Wächter raten ihm, demütig und aufmerksam zu sein und noch die strengsten Urteile zu akzeptieren, damit es, geläutert, zum nächsten «Höllenhaus» fortschreiten kann, bis es schließlich in das höchste, am wenigsten niedrige Purgatorium entlassen wird, wo tanzende Skelette ein Festmahl servieren. Von dort aus ist die Seele frei, höhere «Himmel», Sphären zu erreichen.

Manche Seelen schneiden nicht gut in den unteren Bardos ab. Trotz aller im Spiegel vorgehaltenen Beweise kann es passieren, daß die Unwissenheit fortbesteht, die Abwehr hartnäckig ist und die Seele vielleicht sogar die Gottheit angreift, die es ihr so schwerzumachen scheint, in Wirklichkeit aber nichts anderes als ihr eigenes Spiegelbild ist.

Dies, so entnahm ich der Literatur, ist aber eher die Ausnahme als die Regel. Unangebrachtes Verhalten in der Hölle kommt jedoch vor. Ist das der Fall, blockiert die Seele ihren Eintritt in die nächsthöhere Sphäre und reinkarniert sich, nach einem unglücklichen Zwischenspiel, direkt in eine weitere physische Existenz, die mit großem Unglück beladen ist.

Normalerweise jedoch gelingt es der Seele, sich zu läutern und ihre «ursprüngliche goldene Farbe wiederzugewinnen». In ihrer reinen Gestalt tritt sie nun in die höheren Bardos ein. Wieder gibt es viele getrennte Ebenen, die vom Vergnüglichen bis zum Lehrhaften reichen. In einem niederen Himmel darf (es gibt keine Verpflichtung) die Seele jedes Vergnügen genießen, an das sie sich entweder erinnert oder das sie sich vorstellt, egal, wie sinnlich oder «verboten» es nach ihren eigenen früheren Maßstäben ist. In höheren Himmeln werden die gewöhnlichen Freuden durch das Subtile der Abstraktion ersetzt. Es kommt zu einer allmählichen Vertiefung des Gefallens an Philosophie und den Künsten und Wissenschaften. Zum Schluß ist die Seele für die spirituelle Unterweisung bereit und schickt sich an, eine glückverheißende Wiedergeburt zu akzeptieren. Die Dinge werden besser und besser.

Ich glaubte nicht, daß ich mir über die Himmel Gedanken machen mußte, abgesehen von der Tatsache, daß sie zeitlich begrenzt und vielleicht schwer zu verlassen wären. Die Höllen bereiteten mir mehr Sorgen. Ich fragte mich, ob es eine spezielle Hölle für die Zuweisung falscher Einsichten an die Leere gäbe, die große Leere, von der ich geträumt, die ich mir vorzustellen, die ich zu erreichen versucht hatte, solange ich denken konnte. War ich darauf hereingefallen, den leichtesten aller Wege zur Befreiung zu nehmen? Würde meine bald weitergegangene Seele Immoralität infolge fehlender Moral entschuldigen?

In einem Manuskript über Einsichten amerikanischer Ureinwohner («Dreaming the Council Ways» von Ohky Simine Forest) fand ich einen Hinweis auf Maja, der auf den ersten Blick entmutigend aussah. Der Hinweis bezog sich auf einen der unteren Bardos (den fünften). Dieser Bereich heißt «Höhle des Nichts», auch als «Haus der Dunkelheit» bekannt. Die Gottheiten, die in diesem naßkalten Loch herrschen, sind Eulen, große Vögel des Schweigens. In dieser Region findet eine Auseinandersetzung mit dem in einem egoistischen Leben fälschlicherweise erworbenen Glauben statt, daß «nichts wichtig ist», daß es «kein Leben nach dem Tod gibt». Die Seele überlebt die Prüfung, indem sie ihr «inneres Licht lebendig erhält». Wenn die Seele in dieser Phase des Rückblicks auf das irdische Leben bei ihrem Negieren bleibt, kann sie nicht den nächsten Schritt tun (d. h. ihren Vorfahren gegenübertreten) und wird, nach einer schlimmen Zeit bei den furchtbaren Eulen, wiedergeboren, um die Prüfung noch einmal «im Fleisch» zu durchleben. Ich las, daß, wie auf jeder Stufe des Wegs, hier durchaus nicht alles verloren ist, wenn die Seele ihre Suche beharrlich fortsetzt. Die vier großen Eulen meinen es trotz ihrer düsteren Erscheinung gut. Auch sie tragen, wie alle Götter in den unteren Sphären, einen Spiegel, um den Entwicklungsstand der Seele zu reflektieren. Wenn die Seele die «spiralförmige Leere im Spiegel» studiert, wird das Bild ihr helfen, über die unglücklichen falschen Auffassungen des letzten Lebens zu meditieren.

Vielleicht liegt hier, im Haus des Nichts, ein besonderes Risiko für Zen-Schüler, die Gefahr, von der Schattenseite der Negation verschlungen zu werden, eine Schwäche, die ich bei vielen Lehrern und auch in meinem eigenen Verhalten sah, nämlich egozentrische, träge Gleichgültigkeit einem Zustand geistiger Freiheit vorzuziehen.

Das Herz-Sutra, das mit seinem akzentuierten frühen Morgengesang *Es gibt kein Leiden, keine Ursache für das Leiden, kein Ende des Leidens und keinen Weg* Zen-Einsiedeleien in Gang hält, beginnt mit einer Beschreibung, wie der Bodhisattwa Avalokiteshvara, «die Vollkommenheit des Verstehens durchstreifend», erkennt, daß *Form buchstäblich Leere ist und Leere buchstäblich Form.*

Roshi Robert Aiken aus Hawaii scheint den letzten Teil dieser Äußerung als Motto auf seine Streitfahne geschrieben zu haben. *Leere ist buchstäblich Form.* Wenn wir erst über die höchste Realität der Leere, das Nichts von allem, das uns begegnet, meditiert haben und von der Last, ein Universum auf unseren Schultern tragen zu müssen, befreit worden sind, können wir uns umdrehen und erkennen, daß Leere «nichts» in Myriaden von Formen projiziert. Wie gehen wir am besten mit diesen Formen um? Zen-Lehrer Aiken akzeptiert den Status quo des Kampfes auf Erden nicht und tut sein Möglichstes, um seine Schüler und Leser dabei zu unterstützen, Einsichten zu gewinnen, die ihnen helfen sollen, alle Formen und Gestalten, mit denen sie in ihrem täglichen Leben zu tun haben, zu verbessern. Das tun alle Lehrer, einschließlich der scheinbar negativen Führer, die ich aus Stücken und Teilen richtungsweisender Figuren, denen ich zufällig begegnet bin, zusammengesetzt und auf diesen Seiten versammelt habe. Meister Arschloch, Sensei, Bobbie-sans selbstmörderischer Abt, Mönche, Nonnen und Laien und sogar einige Aspekte der tibetischen Meister, die ich hier beschreibe, sind Collagen, zusammengefügt, um bestimmte Ideen zu verdeutlichen. Die Akteure auf dieser Bühne sind mit meinem tatsächlichen Leben nicht allzu eng verbunden. Doch es gibt eine Ausnahme. Da ich das Bedürfnis nach wenigstens einem idealen, liebevollen, hurmorvollen, losgelösten und mutigen Lehrer verspürte, war ich glücklich, einige der Erfahrungen mit meinem japanischen Roshi, den ich immer noch für einen überlegenen Menschen halte, anführen zu können. Roshi sagte einmal zu mir: «Alle Lektionen machen Spaß», sogar die schwächende Parkinsonsche Krankheit, die seine körperlichen Funktionen sosehr durcheinanderbrachte. Ich glaube, Rimpoche würde zustimmen, obwohl ich sicher bin, daß die Lebenden Buddhas, denen zu begegnen ich die Ehre hatte, über alle Lektionen erhaben waren. «Sensei», so wie ich ihn montiert oder demontiert habe, könnte Zen-theoretisch vielleicht zustimmen, daß Lektionen spaßig sind, aber seine Gewohnheit, in einer schwarzen Wolke umherzulaufen, straft diese Vermutung Lügen. Baba mit seiner «Sei-einfach-nur»-Doktrin glaubte zweifellos, daß mit allen Situationen so sorgfältig und so perfekt wie möglich umgegangen werden sollte, ob es sich nun darum handelte, auf dem JFK-Flughafen Tische zu säubern oder darum, die Unerleuchteten auf dem Logan Airport zu unterweisen.

Ich frage mich jetzt, ob meine ursprüngliche Idee, Zen beweisen zu lassen, daß «nichts wichtig ist», um in jeder Situation Leiden und Schmerz zu vermeiden, so schlau war. Das Koan Mu schien das ideale Werkzeug zu sein, um nach der Leere zu streben, danach, «cool zu sein», die Alpträume durch das Zerstechen ihrer lediglich existenzbedingten Luftblasen zum Verschwinden zu bringen. Aber es war auch eine ideale Falle. Verstehen auf einer niedrigen, rein intellektuellen Ebene – egal, ob es um das völlige Fehlen jeglicher Substanz oder um etwas ganz anderes geht – kann zu einem gleichgültigen Verhalten führen, das sich in Nichtstun äußert. Kurz bevor Allen Ginsberg starb, hörte ich ihn im Central Park zum Klang seines Harmoniums singen. Die Schlüsselzeile, die ich nicht vergessen habe, lautete: «Es ist nie zu spät, nichts zu tun.» Ja, dachte ich damals, ich bin zu beschäftigt, ich sollte Abstand gewinnen, loslassen, nie wieder jemanden sehen, ein Einsiedler sein, einmal in der Woche um sechs Uhr morgens, wenn der Markt öffnet, einkaufen gehen, nur noch mit Seehunden, Eistauchern und Delphinen reden, und wenn der Körper noch ein bißchen klappriger wird, ihn in einem Ruderboot Richtung Horizont fahren und mit Dynamit in die Luft sprengen. Mit diesem Plan im Kopf wanderte ich zur anderen Seite des Parks und hörte wilde Musik. Es war eine Festlichkeit im Gange, aus irgendeinem besonderen Anlaß, und Tausende von uniformierten Schülern marschierten in ordentlichen Formationen die Fifth Avenue entlang. Da waren auch Erwachsenenbands, Reiter, herausgeputztes Volk auf National-Guard-Fahrzeugen. Es wurde eine Menge Energie zur Schau gestellt, aber manche Teilnehmer waren eindeutig erschöpft. Ein Dutzend korpulenter Mädchen schlurfte dahin, müde vom Tragen ihrer Gewichte, und vor ihnen waren ein paar kleine, vielleicht zehnjährige Burschen, die Trommeln trugen, auch sie waren müde, wahrscheinlich waren sie schon seit Stunden dabei, waren von Harlem hierhergelaufen, hatten sich beeilt und gewartet, hatten sich an einem staubigen, trockenen Ort versammelt, während ihre Lehrer viel Aufhebens um sie gemacht hatten, und nun waren da all diese anderen schmucken Schulen, und sie waren nur diese kleine Gruppe, besonders stämmige Kinder und ihre zu klein geratenen Musiker, sie könnten genausogut jetzt nach Hause gehen, solange sie sich noch auf den Beinen halten konnten. Während Mutlosigkeit die Oberhand zu gewinnen drohte, bemerkte ich, wie der Cheftrommler plötzlich seine Einstellung änderte. Warum nichts tun? Warum nicht die ganze Energie des Universums auf sich herabziehen? Ein mächtiger Energiestrom, ein Blitz göttlichen Lichts durchfuhr diesen winzigen Spieler einer kleinen Trommel, und sofort schlugen seine Stöcke auf die Seiten seines Instruments, fingerfertig, ein Hauch von Stakkato, *tick tack*, zeig jetzt, was du kannst, ein hartes trockenes Rasseln, und dann brach der ganze Himmel los, als seine Kameraden um ihn herum sich ins Zeug legten. In einem einzigen Augenblick verschmolzen die Geister von Philly Joe Jones, Art Blakey, Max Roach und anderen Engeln, die in ihre erwachenden Seelen schlüpften, und die kleine Band spielte Solos und gemeinsame Rhythmen, die mit den trickreichen Kompositionen einer Trompete harmonierten, die ein anderer Junge unter seiner Jacke gefunden hatte und die die heiseren, schneidenden Töne von Miles Davis' *So what* ausspuckte, die plumpen Mädchen hinter ihm tanzten in perfektem Schritt ihren göttlichen Tanz, ließen den brillanten Rhythmus in ihren Körpern erzittern und sandten Lichtstrahlen aus, die meilenweit über das Fifth-Avenue-Publikum hinwegstrichen.

Die Leere nahm Form an.

Der Weg aus dem großen Loch der Dunkelheit, bewacht von den Maja-Eulen, die, indem sie ihre Spiegel hochhalten, die passierende Seele drängen, Gleichgültigkeit durch Losgelöstheit zu ersetzen und ihr Ich zu verlieren, damit sie die von ihrem Karma gestellten Aufgaben besser erfüllen kann.

Dienten die Koans, die ich so schmerzhaft studierte, nur dem Zweck, mich in das große Loch zu führen? Der Meister drängt, der Vorsteher schimpft, und der Jikkijitsu, Herr der Disziplin, tanzt seinen makabren Polizistentanz, um den Schüler aus dem Gleichgewicht zu stoßen, während er ihn mit dem Keisaku, Manjusris Schwert, schlägt. Der Gegenstand dieser ganzen gewalttätigen Aufmerksamkeit hängt mit den Zähnen an einem hohen Ast, torkelt auf einer Klippe, beobachtet von einem hungrigen Tiger (ein anderer Tiger wartet geifernd unten), muß den Schnellzug, der sich ihm mit voller Geschwindigkeit nähert, anhalten, soll das Gewicht des Verlusts alles dessen, das er je besessen hat, tragen, wird vor den Truppen seines Ranges entkleidet, wird an seinem Ich-Schwanz gerissen, damit seine Kameraden lachen können, wenn er hintenüberfällt, sieht zu, wie Geier seinen Körper verspeisen, wird von einer abstoßenden alten Dame zum Narren gehalten, erhält nie eine ehrliche Antwort auf eine einfache Frage, bekommt sein Abendessen nicht pünktlich und wird versetzt oder sogar gefeuert, wenn er Anzeichen des Sichwohlfühlens erkennen läßt. Die Lehrer, denen er nachzueifern sucht, verwandeln sich in Attrappen oder irrationale Leuteschinder. Ihre Leichen hängen vor seinem Gesicht. Wieder tauchen neue Gurus auf. Weigere dich, ein willenloses Werkzeug deines augenblicklichen Meisters zu sein, und du wirst für den Ärger, den du machst, gemieden. Du kannst genausogut abstumpfen, aufgeben, dich den Zuschauern auf der Fifth Avenue anschließen, *Polar-Bear*-Eis essen, das die Tee-Lady dir verkauft und die dich von allen Einsichten ausschließt und dabei wegsieht, aber mach dir nichts draus, und das Licht leuchtet, und der kleine Junge spielt die Trommel, und seine große Schwester Kate tanzt den Shimmy direkt hinter ihm und ist entschlossen, durch alle Himmel und Höllen weiterzumachen, genau da draußen, auf einer Buddha-Wolke, mit einem Lächeln, und auch aus keinem besonderen Grund.

Falle in das große Loch des Nicht-Anteilnehmens, fliege hinaus auf der Wolke des Losgelöstseins.

Der gesprungene Spiegel, der leere Spiegel, der Spiegel, der wahre Motive zeigt, überhaupt kein Spiegel, kein Griff, kein Rahmen, freier Durchgang ins Jetzt, ins Hier.